岩 波 文 庫
38-116-1

わたしの「女工哀史」

高井としを著

岩 波 書 店

67歳のときの著者(1970年6月28日)
撮影＝市川眞一(兵庫県歴史教育協議会)

目次

I　『女工哀史』日記

炭焼きの子

私は明治三十五(一九〇二)年十月二十六日、岐阜県揖斐《いび》郡久瀬《くぜ》村字東津汲《ひがしつくみ》で生れました。父、堀六之助の二女です。

私は今でもあわて者ですが、生れた時も八カ月の早生児で、半紙一枚に包めたと祖母がいっておりました。そして家の前の菊畑のなかで生れたそうで、母は二十一歳の若さで、「とてもよう育てんだろ」と心配した祖母が、夜も昼も自分のふところへ入れて、めん鳥が卵をあたためるようにして冬中六カ月育ててくれましたので、母はおっぱいをのます時だけ抱いてくれたそうです。そのせいか、母は私をあまりかわいがってくれませんでした。

私がもの心ついてから十二歳まで、一番悲しかったことは、母によく叱られたことでした。カラスの鳴かん日はあっても母に叱られん日はなかった。それで私は実の母ではないのかと思い、意地でも母のいうことをきくものかと思いました。そんな私を祖母はとてもかわいがり、「おしまやそう怒るな、としは早生れで体も弱いし、わしが冬中あたためて育てた大事な孫じゃ、お前が毎日叱るのでいじけてしまって、だんだん悪くなっているようじゃ、ええかげんにせんとあかんぜ」と母を叱っておりました。母の名前はおしまといいました。でも母はとても美人で、人にはやさしいよい嫁さんじゃ、といわれていたので、私がよっぽど悪い子だったのでしょう。そして私が四歳の時に、父は妻も子どももつれて炭焼きの出稼ぎに行ったのでした。

私の生れた久瀬村東津汲は、揖斐川の上流で、どちらをむいても山ばかり。田んぼはなく、わずかばかりの山畑に桑を植え、茶畑をつくって、男の人たちは炭を焼いたり、木材を切ったりして、ほそぼそと生活していたのです。父は三男で、分家はしていたけれど山も畑も少なく、とても生活できなくて、静岡県へ炭焼きの出稼ぎに行ったのですが、同じ村から十家族ほどいっしょに行きました。べつべつに炭焼きがまをつくり、小屋をたてて仕事をしていましたが、みんな子だくさんで貧乏でした。

父は弁がたち、読み書きそろばんが達者でしたので、親方からも仲間からも信用されていました。体が丈夫で働き者で、毎日母と二人で働き、たべものもまっ白い米のめしで、津汲にいた時よりええなあと思いました。幼い私を一人で小屋におくわけにいかず、毎日、小さなおべんとうをつくってもらい、父母といっしょに山へ行ったのですが、お友だちは一人もなく、春は花が咲き、夏は小鳥やセミが鳴き、カラスやウサギやリスと友だちになりました。

小さな友だちのなかでも一番仲よしは、カラスの一家でした。カラスはとてもかしこいので、私のいうことをよくききわけてくれるので、私はカラスに名前をつけました。お父さんカラスはゴンベイ、母カラスはカァチャン、子どもたちはチィチャン、親子で五羽でした。カラスはなんでもたべるので、おべんとうをわけてあそびました。とくにお米のご飯が大好きなので、私がお米のおべんとうをもってきた時には一つぶでもこぼすと、母子でとりあいするのでした。

五歳の夏の終りごろだったと思います。毎日雨が降って困ったある夜中に、私はとてもおそろしい夢をみて、キャァと叫んで逃げだしました。まっ暗な大雨のなかへとびだしたので、家族全部がとび起きて私のあとを追ったのですが、その時、大きな岩が落ちてきて、山小屋をあっというまもなく押しつぶしてしまったのです。炭焼き小屋は掘立小屋で、入口に戸もなく、一枚のむしろをさげただけ。三十メートルぐらいむこうに、焼きあげた炭をたわらにつめたり、雨の日に炭を入れるかますをつくったりする小屋があり、そのとなりに炭を焼くところがつくってありましたが、私が夢中で炭小屋へ逃げこみましたので、おとなたちもなにがなんだかわからぬままに走ってきて助かったのです。あの時は、たしか母に赤ちゃんが生れたので、祖母が手つだいにきていたのでした。

朝になると、山のなかの小父《おじ》さんたちがきて、「おばあもとしも、よう助かったなあ、わしら心配しとっても、しのつく大雨じゃし、ちょうちんもつけられんので、夜の明けるのを待ちかねてきたのじゃが、みんなけがもなくてよかったのう」といって、その日のうちに木を切ったり藤づるをとってきて、前と同じぐらいの掘立小屋をつくってくれました。

おひるごろになると、小母《おば》さんたちがおにぎりをつくって手つだいにきてくれて、「えらいことじゃったなあ、おしまさん、えらかったのう」というと、祖母が「お前らなにいうとるか、わしらが助かったのはとしのおかげじゃ、きっと罪のない子どもに仏さまのお告げがあったんじゃ、なんといってもな、としは生れる時も朝日のあたる花畑のなかで生れたし、としは仏さまの生れかわりのように思っとるんじゃ、小さい小さいというが、昔からかしこい人は小さい人が多かった」。小母さんたちも「そら、またおばあのとし自慢がはじまった、洗濯ものでも手つだいまひょか」といって、水と土でどろどろによごれたふとんや着物を洗ってくれました。

下宿住まいの小学生

そして、昔流にいえばかぞえ年の八歳の時に小学校へ入学するのですが、私たちの住んでいたところは宮の沢といって、静岡県の秋葉山《あきはさん》の裏山でした。学校は静岡県周智郡村立犬居小学校で、山道を歩いて子どもの足では二時間かかるので、父が心配して町の呉服屋さんの二階を借りて、小学一年生から下宿住まいでした。山小屋でいっしょにいる時は大きらいな母でしたが、べつべつに暮すようになると淋しくて、毎日毎夜思いだすのは妹の静江とお母《か》あのことばかり。お父《と》うはときどき「どうじゃ、よう勉強しとるか」といってたずねてくれて、下宿のおばさんに自分の焼いた炭や山の芋なぞを持ってきて、「子どもをよろしくたのみます」といってくれました。けれどもとても淋しかったことと、夜中におねしょをしたらどうしようと思うとなかなか眠られず、しくしく泣きだして、ならんで寝ていた姉に心配させたものでした。

　この姉は二歳年上で、秀といって、とてもおとなしい、よい子だと母はいっていましたが、どういうわけか私たち姉妹は、小さい時からいつもべつべつに育てられていました。あとできいたのですが、姉は小さい時から津汲に残され、祖父母や伯母たちの世話になり、小学校へ行くようになって、父母や私たちといっしょに暮すようになり、一、二年生までは秋葉山の宮司の高柳さんのお宅へあずけられて、犬居小学校へ通学していたそうです。高柳さんのお宅は小学校の近くだったし、ご主人は父と友人のような間がらだったようでした。それで私が小学校へ行く時に、はじめて姉妹いっしょに暮すように、二人を呉服屋さんへあずけたのですが、体が弱く寝小便をする私は、とても上品な宮司さんの家へは父もたのめなかったらしいのです。

　それから二週間ほど学校へ行きましたが、だんだん学校へ行くのがいやになり、朝になると頭が痛い、腹が痛いといって休みました。でも、意地悪の村の子には負けたくないと思い、毎日教科書をくり返し読み、『尋常小学校国語読本巻の一』はカタカナばかりだったので、私はものたらなくて三年生の姉の教科書を読んだり、算術を石盤に書いては消し書いては消し、暗算もよくできるようになり、たまに気がむいて学校へ行けば、読み書き、算術は、だれよりもよくできたので、先生が「としは一番よくできるのに、なんで毎日休んでばかり、明日も休まずでてきなさい」、そして同級生に「お前らもとしに負けんように勉強しなさい、としと仲よしになりなさい」といわれましたが、帰り道では前よりよけいにいじめられました。

「お山のお山のサルの子が、犬居の学校へなにしにきたの、お前のお母あの顔はまっ赤の赤、お父うの顔はまっ黒け」なぞといっていじめるので、毎朝泣いて、頭が痛い腹が痛いといって寝ていたので、下宿屋のおばさんから父に引きとってくれ、このままではとしちゃんがかわいそうだといわれて、夏休みに父が迎えにきて、山へ帰りました。が、現金坊主の私は、教科書をふろしき包にして、武者修行のように背負い、唱歌をうたいながら山道を父より速く歩いたので、「やっぱり仮病やったんか、もう一生学校へ行けなくても後悔せんか」といわれました。

それからは妹の静江とあそびながら教科書をいっしょうけんめい読み、父にそろばんも手ほどきされましたが、私は手より頭の方が早く、暗算で早くやってしまい、父に叱られました。そろばんよりも暗算の方が早いのになんで怒られるのかと思い、おとなはめんどうくさいことをいうものだと思いました。一学期の教科書は全部おぼえ、巻の二と書いた二学期の教科書を、父が浜松まで行って買ってくれました。そして「町や村の人びとから炭焼きの子だと馬鹿にされても、お前は村の子どもよりもりこう者だ。また本を買ってやるから、せいだして勉強しなよ」といってくれましたが、父の親ばかぶりは、私にやる気を起させたことはたしかでした。

静江が大きくなったので祖母は田舎へ帰り、かわって祖父が手つだいにきていましたが、とてもやさしいおじいさんで、私や妹をかわいがってくれました。小さい動物をかわいがり、私がつかまえてきた山鳥のひよこを、「お母さん鳥に返してこい、いうことをきかんと夕飯はくわさん」といわれて、泣き泣き山の中へ母さん鳥をさがしに行きました。夏でも山中の夜ははだ寒く、まっ暗いので、キツネやオオカミがでてきたらこわいなあと思い、ひよこを抱いて帰り、そっと炭小屋へ入れて帰りましたが、おじいに見つからんうちにと朝早く炭小屋へ行ってみると、もうひよこはいませんでした。それからは生き物をかってにつかまえたりはしませんでした。

妹も死んだ、弟も死んだ

そして次の年、弟が生れ、私はますますいそがしく子守をさせられたのに、あんなにかわいかった静江が、夏のある日の夕方急病になり、あくる朝、私が起きたら死んでいました。その時はじめて人間の死別が悲しいことを知り、村の共同墓地へ土葬にされた妹がかわいそうで、夜中にそっと見に行きました。父母は、私がいなくなり、朝になっても帰らないので、心配してさがしているところへ帰ってきて叱られました。やさしいおじいさんが心配して、静江の墓を小屋のうしろにつくってくれました。棺桶へ入れる時に、母が髪の毛を切りとって仏だんへ入れてあったのを半分わけて、小石をつんでつくった小さなお墓へ入れたのです。私は毎朝起きるとすぐにお墓へ行き、「静ちゃんおはよう、さびしかったやろ」と花をそなえ、秋には美しい紅葉の枝や栗やぶどうをおそなえしました。それは私が七歳で、静江は三歳の時でした。

静江が死ぬ前に生れた弟は、重之という名がつけられました。父は、はじめての男の子なのでとてもかわいがり、一歳のお誕生日ごろからは毎日魚や小鳥を焼いてたべさせました。そのために父は鉄砲を買って、仕事の合い間に小鳥やウサギをとってきて、夕食に重之と私にたべさせて、「二人とも早く大きくなれよ、重之は大学へあげたる。としも学校の先生ぐらいにはなるとよい。イギリスやフランスでは女の弁護士や先生、それからお医者さまだっているそうじゃ」といっていました。その弟は、だれが教えたわけでもないのに三歳の正月ごろからとても上手に、なんでも見るものを片っぱしから写生していました。父が使っていた矢立をもらい、新聞紙を四ツ切りにした帳面を腰に下げて、絣の着物を着て、花でも鳥でもウサギでも描いておりました。ナスビやキュウリは特別上手に描くので、おじいは「重之の描いたナスビは夕飯のおかずになりそうじゃ」といって喜んでいました。字も早くおぼえて、帳面には堀重之と自分で書いてありました。今から七十年も前のことで、ノートもクレヨンもないのに、弟は墨と毛筆で絵でも字でも上手に書くので、私はとてもうらやましかった。その重之も四歳の正月十九日に焼死してしまいました。

あれは、静江が死んでからしばらくしてからのことで、父たちの炭焼き仲間は宮の沢の山の木をみんな炭に焼いてしまったので、別の山へ移っていたのです。そこは天竜川の上流で、ものすごい山のなかで、学校も町も、山を二つも越えなければ行けないところで、冬は雪も多く、とても寒かったのをおぼえています。

あれは私が九歳の正月の十九日の夕方でした。母は女の赤ちゃんができて寝ていました。私も小屋のなかで、母にかわって夕飯の支度をしていました。とつぜん重之の泣き声がきこえるので、私が外へでてみると、弟が火だるまになって、燃えながら走ってくるので、私はびっくりしました。「お母あ、重之が燃えている。早く早く」といってはだしで走り、水をひしゃくに一杯汲んでかけましたが、そんなことで消えるような火ではありません。母がはだしでとびだしてきて、水釜のなかへ重之をパァッとほうりこみましたが、もう手おくれで、弟は全身のやけどで、母も両手をやけどしておりました。

母と二人の子どものすさまじい泣き声を、山の上で木を切っていた父と祖父がききつけてとんで帰りました。「なんじゃ、どうしたんじゃ」と小屋へわらじをはいたままでとびあがって、母が泣きながら重之を抱きしめているのを見て、父はものすごい顔になり、ひとこともいいません。重之は、風上にむいていた顔半分と、両足首から下だけ残って全身やけど。そのうちに集まってきた山の小父さんたちに手つだってもらい、板を打ちつけた急造のたんかで町の病院へ連れて行きましたが、途中で息がたえたといって、医者と駐在さんに見てもらって帰ってきました。そして三日目に村の共同墓地へ埋葬されました。あまり寒いので、たき火をしていた弟の着物に火がついたのです。それから父は、母にも私にも口をきいてくれませんでした。

母は病気と悲しみで寝ているし、父はものをいわないし、祖父は朝に夕に小さな仏だんの前に座り、お経をあげていましたので、私も淋しくてやりきれないので、村の分教場へ行きました。四月からは日も長くなりましたので、毎朝六時ごろに起きて、一人でご飯をたべて学校へ行きました。毎日学校で勉強ができて、帰りは回り道して弟の埋葬されている共同墓地へより、山道を歩きながらとってきた花や山イチゴの黄色い実をフキの葉にのせてそなえたりして、毎日けっこうたのしく通学できました。

足が曲った

前から、右ひざがときどき痛むことがありましたが、父も母も小さい子どもが山坂越えて学校へ通うので、疲れたのだろうといっていました。が、ある夜突然熱がでて、ものすごくひざが痛みだしました。父が足をなぜてくれましたが、さわるとよけい痛むので、ろうそくに火をつけてみてくれましたら、右足全体が赤くなってはれて、どこがひざかわからんほどで、熱も高いので、びっくりして谷川の水で手ぬぐいをぬらして、頭と足を冷してくれました。その夜は親子とも眠られず、夜明けを待ちかねて父は私をおんぶして、町のお医者さんへ連れて行ってくれました。そして「とし、がんばれよ、足の一本ぐらいなくても偉い人になれる。お前はわしの宝物じゃから、きっと治るようにお医者さまにたのんでやるからのう」といってくれました。

その時、思いだしました。村一番の偉い人というのは、父のいとこの彦太小父さんです。彦太小父さんは、日露戦争で敵の鉄砲玉でけがをして、右足を切断されて、一本足で松葉杖をついてひょこひょこと歩いていました。村でなにかある時は、紋つきはかまで勲章をつけて、村長さんのとなりに座っていました。おばあにきいたら、「あれは金《きん》鵄《し》勲章といって、兵隊でも手柄をたてた人がもらうのじゃ」と教えてくれましたので、彦太小父さんは偉いなあと思っていました。

そのうちに、お医者さまの家についてみてもらいましたら、「こんなになるまでなんでほっておいた。切らんと治らん」といって、注射をしてすぐに手術をしてくれました。

そこは入院するにも部屋がないので、その日から宿屋住い。毎日父におんぶされてお医者さまに通いました。おしっこするのも父は私を抱いて、させてくれました。私を淋しがらせないように歌をうたったり、面白い話をしたり、絵本を買ってくれたりしましたので、私は子ども心にも「お父うは本当にええ人やなあ、早く足を治して親孝行しよう」と思いました。

母もおじいも分教場の先生も見舞いにきてくれましたので、宿屋の小母さんが、「ええのう、おじょうちゃん、よいお父さん、お母さんがあって。早く治るように、おばさんもおいしいものをたくさんつくりましょう」といってくれました。その時はじめて私は、おじょうちゃんといわれてびっくりしました。おじょうちゃんなんていうのは、村長さんか校長先生の子どもだけだと思っていたので、とても恥しかった。

そして一カ月以上もかかって、お薬とガーゼとほうたいをもらって、お金は父が胴巻から十円札をなん枚もだして払いました。そのころの十円は大金でめったに見られなかったので私はびっくり。「お父う、物入りじゃったのう」というと「生意気いうな、やせてもかれてもお前のお父うじゃ、子どもはいらん心配するな。それより早うようなれや、静や重之のように死んだら一番の親不孝じゃ」といって、九歳の私をおんぶして、えッさ、えッさと山を登り、母の待つ小屋へ帰りました。

そして一カ月ほどすぎた時、ばい菌がはいって再発し、また切開して、とうとう二学期は学校へ行けませんでした。それだけでなく、私の右足は三十度ぐらい曲ってしまったので、村のあんまさんにもんでもらいに連れて行ってくれました。お父うは、休んでばかりいては飯が食えんので、おじいがおんぶして連れて行ってくれました。おじいは八十歳ぐらいだったと思いますが、とても身体が丈夫で心のやさしい人でした。そして百歳まで生きて、九十ぐらいまで働いた人でした。

そのうちに冬になり、雪も降るし、「年よりが子どもをおんぶして歩いて、谷底へころげ落ちたら元も子もない、どうしよう」と父母が話しているのをきいて、小さいながら私も考えました。そして自分でこの足をのばそうと思いましたが、無理にのばそうとすると痛いばかりでなかなかのびませんので、小屋のまんなかの柱にひもをつけて、一日になん回も痛いのをがまんして、赤ちゃんのようにはいはいをして、またお父うやおじいにも足を引っぱってもらいました。そしてとうとう立てるようになり、その次は歩くけいこをはじめ、山道を登ったり下がったり。はじめは杖をつきましたが、しまいには杖なしで歩けるようになりました。私が自分で足をなおそうと思いたってから六カ月かかりましたが、今七十八歳をすぎて、よくぞ今まで歩けた働けたと、自分の足に感謝したい気持です。

「帝国議会」

話があと先になりましたが、私が三年生の時に本校で学芸会があり、分校の者も行くことになりました。唱歌をうたったり、舌切り雀のお芝居をしたりでしたが、本校の子ばかりで、分教場の子は私一人だけ作文を読むことにきまっていました。つぎつぎ唱歌やお芝居がすんで、一番しまいに、「分校三年生堀としを」とよばれて教だんに上がりました。作文は全部おぼえているので、すらすらと読みました。

「帝国議会」

日本は天皇陛下のお国だけれど、日本の政治は、日本中の偉い人が大ぜいで、国民のために法律をいろいろきめている。そしてもう一段上に貴族院ちゅうものがある。その議員さんは貴族員すなわち貴族である。公爵、伯爵、男爵等である。その人たちの議会を貴族院といって、とても位の高い人たちが日本の国民の暮し方や法律をきめている。それで貴族院である。

私も、そんな偉い人になりたいと思うけど、お父さんにきいたら、私たちは平民だからだめだが、五万円あれば男爵になれるときいたので、私は一生けんめい働いて五万円ためて、献金して男爵になりたい。そしたら村長さんや校長より上になれる。

だいたい、こんな内容だったと思います。それこそ村長も校長も分教場の先生もびっくりして、大変なことをいう子どもがおったものだ、あれが炭焼きの子かと、分教場の先生に、どうして小さな子どもにあんなことを教えたのか、といったそうです。

その日の帰り道で先生から、「とし、今日の作文の半分はわしは知らんぞ。わしが見た分には、公爵も男爵も五万円も書いてなかったぞ。お前は私をだましたな。本校の校長先生はだいぶごきげんが悪かったぞ。あとでなんといわれるか私は心配だ」といわれ、私は「なんでやろう、本に書いてあったのをおぼえていたので、その通りにいったに」といったら、先生は、「そうであってもお前の話は大きすぎる。第一、五万円だせば男爵になれるなぞとは教科書には書いてないぞ。ほんとうにお前は、五万ためて男爵になるなぞと考えているのか。私は末恐ろしくなったぞ」といわれて、私はおかしな先生だ、気の小さい先生だと思いました。

その話が村中の評判になり、父の耳にもはいったので怒られるかと心配していたら、お父うは「とし、よくやったな、私らのことを炭焼きだとばかにしている人たちに、炭焼きの子は村のおとなの知らんことでも知っているぞとわからせたのだ。ほんとうにとしが男の子だったらと思うと、お父うは残念じゃけれど、ほうびに美しい紋つきとえび茶のはかまを買ってやる」といったので、私は紋つきやはかまは嬉しいが、なんで女の子で残念なんだろうと不思議に思いました。お父うは約束を守り、紋つきとはかまを買ってくれました。その時父は、無理しても私を女学校へもやりたいといってくれましたが、体の弱い私は病気ばかり。その上足が悪くなってからは、「学校はあきらめて丈夫になれよ、静江や重之のように死んでは、どんなに頭がよくてもなにもできない。貴族院も男爵も五万円もいらん」といっていました。

せっかく紋つきとはかまをつくってもらったので、祝祭日には学校へ着て行きましたが、村の子どもたちはいじわるで、大ぜいで「お山のおサルが紋つき着て、はかまが長いので赤いお尻は見えないな」なぞとはやしたてるので、私は、今に見とれ、おとなになったら働いてお金貯めて、お前らなんかに負けるものかと思いました。それでも、おとらちゃんと大助ちゃんと恵子ちゃんは私の味方をして、仲間に入れてくれました。それでこのグループが山へあそびにきた時は私が案内して、イチゴやグミやシイタケのあるところへ行き、山のみやげもたくさんつくってあげました。秋の村まつりやお盆には、おとらちゃんの家で泊めてもらいました。お祭りのごちそうといっても、おじさんは焼酎をのみ、子どもはトウモロコシをゆでてもらい、丸かじりしながら獅子舞や若い男の人の踊りを見に行きました。

その村には、水田はなく、畑も少なく、夏は蚕を飼い、お茶をつくり、芋やトウモロコシを主食にしているので、岐阜県の私の生れた村と同じようなところでした。そこの言葉は「行っけい、来けい、もどっけい、そうずらな」といっていました。私の生れた村では「そうじゃなも、おんし行くんか、いつもどるんか」などといっていました。この言葉はだいたいわかれの言葉で、行ったり、きたり、もどったり、そうですね、というのを、そうずら、なもしといったので、私はお国言葉はきらいでした。

働いて金もうけがしたい

静江や重之が死に、私が病弱なので、父母はいつまで炭焼きをしていても金も残らんし、秀も一人でさびしかろうと、やっぱり津汲へ帰りました。前にも書きましたが、秀というのは姉で、十一歳からお裁縫の先生のお宅へ住みこみの内弟子に行っていました。〔私が〕十歳の時に津汲へ帰り、おじい、おばあ、両親と、静岡県の山で生れた妹とにぎやかに暮しました。妹の名はますといいました。

父は三男で分家をしていましたが、畑も山もなかったようでした。それで母は屑まゆを買って糸引きをしたり、父は揖斐町へ行って魚の干物や塩物を仕入れてきて、村中売って歩きました。魚を竹かごに入れて、天びん棒でかついで売り歩く人のことを、私の田舎では「ぼてふり」といって、いやしい者のようにいいますので、私は「いやだなあ、炭焼きの方がましだ」と思いました。たべる物も静岡県の山にいた時はいつも白いご飯だったのに、村へ帰ってからは麦めしで、魚は売っていても私たちの口にはめったにはいりませんでした。それで私も、近所の家へお茶つみに行ったり、夜は桑もぎに行き、十時すぎまで枝切りしてある桑の葉をむしりとる仕事をしたものでした。夜なべ仕事は、駄賃にかみなりせんべい二枚、茶つみは昼めしに大きいおにぎり二つ、竹づつの水とうに冷たいお茶を入れてもらい、少しでも自分が、おとなと同じ仕事で昼飯一食でも家の米を助けられるのが嬉しくて、ほうぼうへ茶つみに行きました。夜なべ仕事でもらうせんべいも、一枚は妹にやり、二人で大事に少しずつたべました。

その時分から私は、町へ行って働きたい、少しでもお金もうけができたら、母や妹に前かけ一枚でも買ってあげたい、ぜん息で苦しんでいるおばあに、黒砂糖のあめをたべさせてあげたいと思いました。妹のますが赤ん坊の時のことですが、山中の冬はとても寒さがきびしいので、妹の足はしもやけでまっ赤にはれてとてもかわいそうでしたので、私は自分のメリンスの着物の袖を切って足袋をつくってやり、父母にとてもほめられたことがあって、その時、働くこと、自分で物をつくることの喜びを知ったのです。私が足を病んで歩けない時でしたが、なん回もなん回も妹の足を計り、かたちを考え、小さな足袋一足つくるのに一カ月もかかりました。妹の足にぴったりの花もようの足袋にひもをつけて足首で絞り、ぬげないように結びました。

私は、生れてはじめて母にほめられた時の嬉しかったのを思いだし、働いて、自分の金で親や姉妹の喜ぶことをしたいと思いました。父に町へ働きに行きたいといったら、「まだまだ早い、第一お前は体が小さすぎるので、よそでは雇ってくれないだろう」といわれて、私は小さい、小さいといわれるのが一番口惜しかった。どうしたら背が高くなれるか、どこかに背の高くなる薬を売っていないかと、それから寝小便をしなくなる薬はないかと、真剣に考えたものでした。それでも働いて金もうけをしたい、自分のもうけたお金で買物がしたい、と毎日考えておりました。

屑糸拾いの幼女工

十二歳といっても、満でかぞえると十歳五カ月の時でした。あれは大正二(一九一三)年の三月でした。私たちの村へ女工募集人がきました。私の家へもきて、「どうですか、娘さんを大垣の会社へ働きにだしませんか。寄宿舎もあるし、仕事は楽で美しい。糸引きや、はた織仕事だし、毎日十三銭の日給もくれるので、たべて着て、親助けになりますよ」。その話をきいて私は決心しました。

一日働いて十三銭なら一月で三円もらえる。そしたらお母あや妹にもなにか買ってあげられると、とらぬタヌキの皮算用をして、「働きます。おじさんお願いします」といいました。そばで父が心配そうな顔をしているので、「なあお父う、ええやろ行っても。よそへ行ったらおとなしくして働くよ」といったら父は、「お前一人では心配じゃ、姉といっしょなら安心じゃが。秀も、いつまでもただ奉公ではかわいそうじゃから」といって、「のうあんたさん、うちにはもう一人娘がおります。名は秀といって、これの姉で揖斐の呉服屋さんへお針子に行っていますが」といいましたら、募集人も「よろしい、一人より二人の方が会社も喜ぶので、二人いっしょの寄宿舎へ入れるようにたのんであげましょう」といってくれたので、さっそく姉を連れて帰り、次の日に、村中から十人いっしょに大垣の東京毛織株式会社へ入社することにしました。

でかける時は母に髪をゆってもらい、少ない着物のなかから一番よい着物を着て、姉やいとこや、山でいっしょだったいくよちゃんもいっしょで、喜んでおしゃべりをしながら四里の道を歩いて揖斐まで行き、そこから馬車で大垣へ行きました。姉は美人で大柄でした。いくよちゃんは姉よりもっと美人でしたので、私は引きたて役みたいでいやだなあと思いました。

生れてはじめて、あこがれの金もうけのできる街へきて、身体検査もとおり、ちょっと小さいけど姉妹いっしょだからと採用されました。私は大喜びでしたが、きくと見るとは大違いで、きいて極楽見て地獄、一日働いて十三銭の日給は、食費を差引くと残り四銭、石けんやちり紙や、一カ月に一足の麻裏ぞうりを買うと一銭も残りませんで、つかれだけが残りました。当時、花王石けんは一個九銭、ちり紙は一じょう三銭でした。

寄宿舎では、一室二十畳に二十人ぐらい、夜になるとふとんをひっつけあって、まん中に三十センチほどあけて二列に寝るので、だれかがいびきをかいたり寝言をいうと、みんながいっぺんに目がさめて、神経の弱い私は朝まで眠られませんでした。食堂はきたなく、うす暗かったし、おかずらしいものもなく、毎日みそ汁とつけものばかりで、たくあんも古くてくさいし、みそ汁も実らしいものははいっていなくて、ときどきはハエや油虫が浮いていました。名づけて鉄砲汁といっていました。その上ご飯は外米の白飯で、細長い米がねばりもなくばらばらで、箸にも棒にもかからんものでした。

仕事は、姉ははた織り、私は糸づくり現場でした。ミール〔一般的にはミュール〕精紡機といって、細長い大きな機械でした。粗紡から上がってきた太巻の糸を、よりをかけて毛糸や太い糸、細い糸をつくり、はた場へ持って行く仕事でした。一台に二十人ぐらいで仕事をするので、一番仕事の上手な年功の古い人が台長さんで、二十人の女工と仕事の責任者をしていました。その人の名は竹内さんといって、監督さんの次の偉い人でしたが、はじめての日に工場へ連れて行かれ、「今日からここで働くのだ、台長さんにあいさつしなさい」といわれて私が、「お願いします」といったら、「なんや小さい子やね、背が低いから糸も継げんわ、この子、なにをさせるの」と、監督さんにいっていました。

それで、「背が高くなるまで糸屑拾いでもさせとき」ということで、私は糸屑拾いの掃除ばかりでした。十二時間、朝の六時から夕方六時まで、お昼の三十分と九時と三時に十五分休みして、一日中立ちづめ歩きづめの糸屑拾いで、拾っても拾っても、あとからあとから落ちる糸屑で、私の足は棒になり、足のうらははれ上がり、ふらふらになりました。それでも時間中は腰かけることも座ることも許されず、泣き泣きがまんしたものでした。そして子ども子どもとばかにされながら一年はすぎましたが、その一年の間にはいうにいわれん恥しいことや口惜しいことがいっぱいありました。

ばかだ、ちびだ

その一つは、私の家には時計がなく、学校でも時計の見方を教えられておらなんだのです。監督さんも台長さんも、なんぼ私が小さくても時計ぐらいは知っていると思ったか、あるいはなにげなくいいつけたのかもしれないが、「としちゃん、ちょっと時計見ておいで」といわれた時に、私は「はい」といって工場のまん中の大きな柱時計の下へ行ってみました。その時計は金色のふり子がかちかちと時をきざんでおりましたが、文字盤の数字は、今まで私が習った算用数字とちがうのでちっともわからず、しばらく見ていたけどどうしてもわからず、あきらめて竹内台長のところへ帰ってきました。

「なん時やった」「どこで油を売っておった」「十分ぐらいかかって時計見てきて、早く答えなさい」といわれましたので、私はしかたなく「時計は見てきたけど時間はわかりません」といいました。そしたら竹内さんは顔色をかえて、「生意気に人をばかにして、ちょっときなさい」と私の手を引っ張って監督さんのところへ連れて行き、「秋本さん、きいてください、このちびが私をばかにして、十分もかかって帰ってきて、時計は見てきたけど時間はわからんというのです。こんな子、よう、めんどうみません」といって、行ってしまいました。

そのあとで監督さんから、「お前は背が低いので仕事もできんのに、台長のお姉さんのいうことをきかなあかんぞ、竹内さんにきらわれたら行くところがないぞ、どうするのだ」といわれて、「本当に見てもわかりません。字が読めませんから」といいました。監督さんも「そうか、それならなぜはじめに字を知らんといわなかったんだ。わしがついて行ってやるから、台長さんにあやまりなさい」といって連れてってくれましたが、その時の恥しかったこと。それからは今までより以上に、ちびだばかだ、役にたたんといわれ、とても悲しかった。当時は新聞も工場の寄宿舎では見られず、もちろんテレビもラジオもなく、無学の私には、朝の六時と夕方の六時に会社の高い煙突からボーッとなる汽笛だけで、仕事はじめと終りを知るのでした。

もう一つの大変なことは、夕方六時から朝の六時まで、昼間と同じように働かされたことでした。入社して一週間目の日曜日の夕方、部屋長のお姉さんから、「今日から夜業やで、五時から夕食たべて仕事やから、作業服着て行きなさい。仕事中に居眠りするとけがをするよ」といわれました。まさか、朝までぶっ通しの十二時間労働とは知らず、夜なべ仕事だから三時間ぐらいかと思っていたので、十二時に夜食をたべてから朝まで仕事だといわれ、泣きたくなりました。

そして、まる一年すぎても日給は一銭も上がらず、古くからいる人にきいてみたら、「私らは日給は上がらんけど仕事が受けとりだから、一日になんぼときめられた以上に仕事ができたら、でき高払いでお金がもらえるから、多い日も少ない日もあるから、なんぼ体がえらい日でもなまけられへん」と教えてくれました。そして「あんたは糸屑拾いだから日給だけ一日十三銭だ、早く大きくなりなさい」といわれたのです。

それから、食べもので一番悲しいと思ったことは、はじめてのお正月、元旦に食堂へ行ったら、よくあんな小さいのができると思うくらい小さいお餅が二つと、その上にごまめの小さいのをのせたのが、ツーと並べてあって、それがかたいかたいろうそくみたいにカチカチになっとるんです。ところが火はないし、そのお餅を焼いてたべることができないのです。それでいろいろ考えて、寄宿舎のなかで火のあるところはどこかと考えたら、門番のおるところと宿直の職員のおるところ、ここだけ火鉢があるんです。それでみんなのお餅を集めて前かけに入れて、門番のところへ行きました。

「おっさん、ちょっとこのお餅焼かしてね」というと、「そんなようけな餅、どこからとってきた」というので、「わたしの二つ、ほかはお姉さんたちのや。火がないからたべられません」というと、「こいつ、ほんまに悪口ばっかりいうといて焼きにだけはきたんか」というので、「おっさん、焼かせへんいうのか、この炭、おっさんの炭か、会社の炭か、会社の炭やったらわしらが金だして買ってんのやから」というと、「おまえ、金だしたか」っていうので、「毎日働いてもうけさしてやってるやないの」と理屈をいいましたので、あきれて「まあええわ、焼けや」ということになって、みんなでたべました。その時に情なくて情なくて、家でたべたおぞうにを思いだしました。

会社に損させた

それから私はいつまで糸屑拾いをしておってもあかん、一人で仕事のできるところへ替って働いたら、今よりちょっとでもお金もうけになると考えて、監督の秋本さんに「一年も糸屑拾いをしましたから、早くはた場へやってください」とたのみました。そしたら秋本さんは「お前はいつまでたっても仕事はできんし役にもたたんので、困っておったんだ。はた場へ行きたいのならたのんでやるよ」といって、次の週の月曜日からはた織り場へ替りました。精紡場もだめ、はた場もだめといわれたら行くところがないので、私は必死の思いで背のびしながら糸を継ぎ、機械のうしろに行き、前へ行き、一生けんめい見習いをし、一カ月すぎて、やっと一台のはた台持になりました。本当に命がけの気持でがんばりました。

それで私は考えたのです。糸屑拾いを一年もつづけてもはじめから終りまで日給は十三銭、ばかだ、ちびだとばかにされてはた場へ変ったが、仕事はえらいが収入はふえん、こんな会社から逃げだそうと。

小さい時から負けん気で空想家だった私は、恥しいことや悲しいことばかり考えていたら死んでしまいたくなるので、ほかのことを考えるようになりました。毎日糸屑拾いばかりでなく、たまには花見に行きたいな、その時に着るめいせんの着物が買いたいな、なぞと考えて仕事をなまけていたので、台長さんにも監督さんにも「このがき、なまけ者で顔見るのも虫がすかん奴や」と毎日叱られ通しで、よけいやけくそになり、なまけ者になり、年上の人のいうことをすなおにきかなくなったのです。そんなある夜、仕事時間中に私は右手首に大けがをしました。

私の仕事場の糸くり機のミール《ママ》精紡は、横に細長く十二メートルぐらいで、まん中に運転台といって、大小いくつもの歯車がかみ合いながらまわって、糸によりをかけたり巻きつけたりするようにできていたのです。ある時、その大きな歯車に糸屑が巻きついているので、あわててとろうとした時に、右手が大きな歯車に食いこまれ、あわてて命がけの力で引きはなしましたが、右手首が二銭銅貨ぐらい、皮も肉ももぎとられ、骨が見えていました。

台長さんと監督さんがとんできて、「このばか者、糸がみんな切れてしまったぞ。手が痛い、あたり前だ、お前がぼんやりしているからだ。会社にえらい損をさせて申しわけない」と叱られて、だれも手当をしてくれません。一人で門番のところへ行き、「おじさん、私お医者に行きます」というと、「なに、けがをした、薬をつけてやるよ。金も持たずに行っても医者は見てくれないから」と、石炭酸をざあっとかけて、ばんそうこうをはってくれましたので、工場へもどりましたが、「時間中にどこへ行っていた、まったくお前はなまけ者だ」といわれました。私は心のなかで「くそったれめ、お前らそれでも人間か。今に見とれ、このかたきはきっととってやるぞ」と思いました。

それからは仕事はできるだけなまけ、逃げだすことばかり考えるようになりました。どこか、ほかにもっとよいところはないかと、目を皿にしてきき耳をたてて、おとなの話をきいていました。そしてある日曜日、講堂へ行ったら小さい美しい表紙の雑誌を見つけたので、ちょっと読んでみました。私たちと同じような少女工二人がたのしそうに働いている絵があり、おとなのいうことをよくきき、一生けんめい働けば、やがて満期になり、田舎へ帰り、お嫁に行ける。稼ぐに追いつく貧乏なしと書いてありました。それを読んで私は、こんないい会社がどこにあるのかしらと思い、だんだん読むと、日本中の紡績会社の名と所在地が書いてありましたので、いよいよ今の会社を逃げだそう、働く気さえあれば、どこへ行っても今よりはましなように思いました。その時私は、かぞえ年十四歳でした。

こんな会社、やめた

そして十四歳の春、住みなれ、いじめられた、大垣の東京毛織から逃げだして、奈良県大和郡山の紡績会社へ入社したのです。どういう事情があったか知りませんが、大垣の会社の人事課に松下さんという人がいて、女工を三十人ほどつれて郡山の会社へ変ったのでしたが、その時に私は連れて行ってもらえなかったのです。その松下さんと先輩女工さんの後を追って行けばなんとかなると思い、寄宿舎を逃げだしました。幼年時代山で育った私は、木登り上手で身がるでしたから、へいをのり越え、大垣の町はずれを流れる川まで走って行き、炭を積んだ舟にのせてもらい、桑名まで行き、それから汽車で大和郡山へ行きました。

今思いだすと、その川は揖斐川で、私の生れた村の方から炭を積んで桑名まで行く舟でした。私は「桑名に伯母がいるのでそこへ行きます。伯母が病気で朝まで汽車を待っていられないから」と上手にうそをいってのせてもらいました。船頭さんは夜風で寒いからと、私にむしろをかけてくれたり、舟の上で七厘で火をおこしてご飯をたき、みそ汁をつくってたべさせてくれました。そして川へはまったらあかんといって、私を抱いて舟からおろしてくれました。私がお礼に二十銭だすと手をふりながら、「お前みたいな小さい者から銭とらんでも、炭を届けたら問屋から運賃をもらうんじゃ、気をつけて行けよ」といってくださったのです。私は渡る世間に鬼はない、捨てる神あれば拾う神もあると、祖母がいった言葉を思いだしました。

今度は汽車にのり、夕方ようやく大和郡山の紡績の門までたどりつきました。門番の小父さんに、松下さんに会わせてくださいとたのみましたら、しばらくして赤ら顔の太った松下さんがでてきて、「お前か、なにしにきた」といわれ、「松下さん、私もこの会社で働かせてください、大垣へはもう帰れません」というと、松下さんが「お前、今までのような働きぶりではあかんぞ、わしの顔に泥をぬらんように一生けんめい働くか」といわれて、私は「働きますから使ってください」とたのんで、寄宿舎へ入れてもらいました。その室には大垣からきた人がみんないたので心強く思いました。しかしその人たちはなぜか九州の人ばかり、お国言葉で話されると外国語のようで、心のいじけた私は、自分の悪口をいわれているように思えて悲しくなりました。

次の日、身体検査もかんたんに工場へ行きましたが、そこは木綿の二幅《ふたの》物を織るところで、やっぱり日給は安く、食物はまずくて、せっかく逃げてきたのに大垣の会社とあまり代りばえがなくて、がっかりしました。

当時、その会社は朝鮮の人たちを大ぜい雇っていました。それも家族ぐるみでしたので、お母さんと娘さん、その娘たちも十二歳ぐらいの少女が多かったが、日本人は同じ会社で同じ仕事をしているのに、「朝鮮人、朝鮮人」とばかにして、口もききませんでした。もちろん言葉も通じなくて、お気の毒に、ずいぶん不自由な毎日だったろうと思います。私は人ごとながら腹をたて、朝鮮の人たちとお友だちになりたいと思い、夜は朝鮮の人たちの部屋へあそびに行きました。言葉は通じなくても、真心は通じあうもので、私は朝鮮語も知りたいし、日本語も教えてあげたいと思い、毎晩あそびに行くうちに、同じ年ごろの娘さんたちと仲よしになりました。

その人たちは、夜は髪をきれいに三つ編みにして、赤やピンクのリボンで結んでいましたが、とてもきれいでした。私も髪を三つ編みにあんでもらって自分の部屋へ帰ったら、「なんで朝鮮のまねをするんや」と笑われました。お母さんたちにもなにかしてあげたいと、肩をもんであげたりすると、「あんた、よい子だ、ほんとうに日本人か」とたどたどしい日本語でいわれてなんとなく悲しくなり、涙ぐんでいたら手ぬぐいで涙をふいてくれて、くしで髪をなぜてくれたりで、こんなやさしい人たちを差別する人たちの方がよっぽどいやらしいと思いました。小さい時から私は、差別したり弱い者いじめをするのは大きらいでした。差別という言葉は知りませんでしたが、私の心の中の正義心が、世の中の矛盾にきびしく反発していたのです。

そしてまたお盆に、やめるともいわないでだまって岐阜へ帰ってしまいました。その時は私の父母は岐阜市へでてきて、父は体が丈夫で重労働もできたし、読み書きそろばんも達者でしたので、事務屋としても一人前で通っていたので、岐阜市の日本毛織会社の人事課の会社員さんになっていました。月給も三十円ぐらいで、ボーナスは百円以上でした。私はやっぱり父はえらいなあと思いました。そして私もすぐにそこへ入社できましたが、父の家から会社まで歩いて五分ほどの近くなのに、家もせまく家族が五人でしたので、寄宿舎へはいりました。

だいたい私はおしゃべりで、生意気で新しがり屋でしたので、父はいつも「やかましい、女はだまっとれ。あんまり本を読むな。おとなしくせんと嫁にもらい手がないぞ」と叱るので、私はこんな娘をだれが生んだ、こんな貧乏たれでなく、なんで金持か貴族の家に生れなかったのかと思いました。父は山にいた時は私をあんなにかわいがり、本も買ってくれたり、としは宝物だなぞと私をおだてて弟や妹のお守りをさせたりしたのに、今は会社員さんだからいばっている。やっぱりおとなは勝手なことを人に押しつける。母は私に針仕事も教えてくれず、なにがお嫁にもらい手がないなぞといいかげんなことをいうな、と思って、今に見とれ、自分で好きな男性が見つかったら、その時は勝手に結婚してみせると、心の中で考えていました。

岐阜へきて二年目の夏から、私はかっけで体がだるく、仕事中ものろのろ歩きで足が重く、頭が重くて苦しみましたが、自分でも病のことを知らず、だれも私が病気だと気づかずに、またなまけ者だと悪口をいわれ、医者にも見てもらわず、秋になれば治るだろうといっていました。

そして八月のある日、工場の検査場へ織り上げた毛布を私が持って行ったら、「小さいわりには力が強いね」と若若しい声がきこえて、毛布の巻物を受けとってくれた人がいました。私が上をむいて見ると見なれぬ若い男の人、ナッパ服でなく学生服を着て、にこにこ笑っていました。その時私はなんとなく恥しく、体中の血が頭へ上がるような気がしましたので、受けとりの伝票をもらわず、逃げるように織り場へ帰りました。そしたら十分ほどしてからその人は伝票を持ってきて、忘れ物だよと渡してくれました。その色の黒い、目の大きい顔で、青白い工場の男工さんとはちがった感じでした。

初恋の人は未来の歯医者さん

その日から私は、気持がそわそわと落ちつかず、親のことも家のことも忘れてしまい、仕事をしていてもぼおっとして集中力がなくなり、失敗ばかりしました。もともと私は早産児で発育不全で、十六歳になっても生理もなく、母や姉が心配していましたのに、そのころからぽつぽつと顔におできができたので私はびっくり。会社のなかのお医者さんに見てもらいました。先生は笑いながら「ニキビだよ、だれか好きな人でもできたかね」といわれて、恥しくて顔がまっ赤になりました。

そんなある日の昼休みに、みなさん外へでて涼んでいるのに、私は一人でぼおっとして、機械の前で読むでもなく婦人雑誌を見ていましたら、「ほう感心だね、本を読むのか」という声がして、大きな燃えるような目で私を見て、にこにこしている人は私の大好きな人、毎晩夢にまで見ている人でした。

「今日で君ともお別れだ。学校がはじまるのでね」。私はびっくりして、「どこの学校ですか、長い夏休みですね」というと、「大学だから夏休みも冬休みも長いんだ。また来年正月に会えるよ。おちびさん大変美しくなったねえ。今度帰ったら活動見に連れてってあげるよ」。それで私は、「どこのなに大学ですか」というと「東京の医科歯科大学だよ。卒業したら歯医者さんだよ。君の前歯も治してあげるよ」といわれて、私は生れながらのふぞろいな前歯を、思わず手でかくしました。「しばらくお別れだ、かぜを引くなよ」といって、手をふりながら検査場へはいって行きました。

それから私は、心がからっぽになったようで淋しくてたまらず、夕食後、家へ用事があるといって外出して、柳ガ瀬へ行きました。そして街角で流しのうたい手さんが、バイオリンをならしながらのんき気節をうたっているのをきいておりましたら、私の肩にだれか手をかけているので見上げると、あの人でした。「岐阜の街にもお別れだから散歩にでてきたら、君に会えてよかったよ。娘さんの夜あそびはいかんよ。家まで送ってあげよう」というので、私は恥しかったけど送ってもらい、途中、おでんの立食いをして、話しながらゆっくり歩いて、家でなく会社へ帰りました。当時、岐阜市内は市電が通っていましたが、歩いて帰ったので九時の門限ぎりぎりでした。

次の日工場へでたら、さっそく「昨夜はおたのしみ」とひやかされて、人の気も知らないで、なにがおたのしみなもんか、あの人は遠い東京の大学で勉強し、お医者さまになるんだ。私なぞとは身分がちがう高いところにいるんだと思いながらも、やっぱり恋の重荷に苦しみながら、早く今年が終りになり、正月になればあの人は岐阜へ帰ってくる、会いたいな、とそればかり。夜やら昼やらわからんほどでした。

父は、なんとなく元気のない私を心配して、年末には西陣織りのお召の着物と倭文織《しず》の帯を買ってくれました。そして正月元日の初詣にお伊勢まいりに連れて行ってくれましたが、私はちっとも嬉しくなく、他のことばかり考えておりました。二見浦で日の出を見ていたら、乳母と女中に守られた七、八歳の女の子が、ちりめんのふり袖を着て歩いているのに出会いました。父はかわいらしいなあといって見ていましたが、私は金持の子どもはいいなあ、私だって金持か貴族の家に生れたら、お医者さまでも学者でも、好きな人と結婚できるのに、と思いました。伊勢で一泊して家に帰ったら、心待ちにしていた手紙がきていました。母は字を知らんので、手紙を父に渡しました。

「これはとしあての手紙だ、この角という人は男か女か」ときかれて「男です、学生さんです、友だちです」というと、父は「読んでみ」というので、「おかしいなあ、人の手紙の内容が見たいんですか」というと、「生意気な、箱根知らずの江戸言葉。むやみな男とつき合うな」とこわい顔。そこで私は、「お父さんこそ、むやみに人をうたがったり言葉を笑うなんて、時代おくれです。信書のひみつは親でも兄でも侵すべからず」といって手紙をかくしたら、父はかんかんに怒って、「だから女は本を読みすぎるなというのじゃ、親不孝者が」といいましたが、無理にとりあげようとはせず、心なしか淋しそうにたばこに火をつけていました。

その手紙には、「岐阜へ帰っている。二人で伊奈波神社へ初詣に行こう、おみやげもあげる」と書いてありましたので、三日の朝、岐阜市の氏神である伊奈波神社へ行きました。石段の下まで行くと、角さんは角帽をかぶって、釣鐘マントを着てたっていました。「あら、へんな帽子ね」というと、「ごあいさつだな、大学生の制帽だよ。にせ者だと思われないようにかぶってきたんだ」と、笑っていました。

さて神様に参拝するかといってから、「君、神さまってなんだと思う。ほんとうにあるのかないのか」。そこで「私はほんとうは神や仏はないと思うわ。昔からだれも見た人がいないもの」というと、「じゃあなんでお宮やお寺を建てたんだろう」といわれて、「見えないものは信じないのです。だから伊奈波神社の祭神は、ずうっと昔生きていた人だと思います」。「ほう、なかなかむつかしい理論家だな」といって、「じゃあ参拝はやめて柳ガ瀬へでてなにか食うか、君なにが好きかね」といわれて、あわて者の私は「あなたが好きです」といってしまってから、しまったと思いました。そしたら「今なんといった、もう一度いってごらん」というので、「二度といえません、恥しい」というと、「口でいわなくても、お互いの心にわかっていればいいことだ。あんたはほかの女工さんとちょっとちがう感じだ、なんというかな、明るくて僕の妹と同じくらいかわいいよ」といわれました。

そして柳ガ瀬で天丼をたべ、目玉の松之助の活動写真を見て夕方家に帰ったら、父はいなくて、姉もどこかへあそびに行って母だけでした。「お母さんも正月ぐらい着物を換えて髪もゆって、お芝居でも見に行きなさいよ。あんまりくすぶっているとお父さんにきらわれるわよ」といったら、「またはじまった、箱根知らずの江戸言葉」、「お母さんは本を読まないからそんなことといって私をばかにするけど、ありました、行ってきますと、行っていらっしゃいませと、この本にも書いてあるし、活動写真見ても弁士はそうじゃなもといわないわよ」といって、母からはなれて本を読みはじめました。それは今日角さんからおみやげにもらった雑誌「改造」でした。

今まで私は婦人雑誌は読みましたが、こんなむつかしい本ははじめてなので、むつかしくて読んでもわかりませんでしたが、毎日、くり返し読みました。三カ日もすぎ寄宿舎へ帰りましたが、相変らず本ばかり読んでいる私を、室の人たちは気ちがいだといい、笑っていました。そして日曜日には角さんと長良川公園へ行って、寒いのにベンチに座って二人で話し合いました。

やがて一月も中ごろすぎに、私たちの別れの日がきました。私の家は岐阜市の白山小学校の横でした。雪がちらつき、冷たい風も吹いているのに、ちっとも寒いと思いませんでした。校庭のイチョウの木の根っ子に腰かけて、二人ともなにもいわずに、夕方うす暗くなるまでいましたが、「八月に帰るまで会えないが、元気でいなさい」といって、釣鐘マントをひるがえして行ってしまいました。

父に若い愛人

それから私は字を書くけい古をはじめました。本屋で手紙の書き方の習字本を買ってきて、はじめの一行から書いてみたらさっぱりだめ。私の字は右に左に曲りくねって、まるでみみずのよう。夜も寝ないで書いては消し、書いては消し、自分の字の下手なのにあきれてがっかりしましたが、はじめの一行だけは今でもおぼえています。「光陰は矢の如く、相別れてから、早三月は過ぎ去り、うぐひすの声も聞き、梅も散り、桜も咲き始め候」。そこまでは今でもおぼえていますが、天下の悪筆は今も昔も変らず、よくも厚かましくラブレターを書こうと思ったり考えたりしたと、自分にあきれおる次第でございます。

光陰は矢の如くでなく、長い長い半年がすぎた七月のはじめに、母が女の子を出産し、その時なぜか父はいなかったので、姉と私とで母の世話をしたのですが、お産婆さんが帰ってしばらくしてから「産婆さんをよんでくれ」と母がいうので、なにごとならんとびっくりしたら、無事に出産したのに大出血したのです。産婆さんがとんできて、手当をして帰りましたが、朝になって近所に住んでいた母の姉が医者をよんでくれましたが、どうにも治らず、その時かぎり、母は自力で立ち上がることができなくなりました。それで姉と私は交替で会社を休んで、母と赤ん坊の世話をしました。あとできいたのですが、当時父は若い愛人ができて、家にはあまり帰らなかったのです。

そして九月に母が死亡しましたので、妹は伯母の家に引きとられました。その妹は名を幸といって今は名古屋におりますが、生れるとまもなく母に死別し、父にも生別したので、親に甘えたり叱られたりの味もわからずに育ち、戦争中は一人で苦労した話をきき、ほんとうにかわいそうに思いましたので、私は終戦後のどん底生活のなかでも、子どもは絶対手ばなさない、死なばいっしょと思いました。

そして母の三十五日がすぎてまもなく、父は愛人を家に入れて正式に妻としましたので、私はびっくりしました。なにより困ったのは、二度目の母が若すぎる上に家もせまく、父が毎日仕事もなくぶらぶらしていることでした。母が二十二歳、私が十七歳。父は会社を首切られて、生活はとても困っておりました。今度きた母は、私や父が働いていた日本毛織岐阜工場の診療所の看護婦さんだったので、社内結婚はまかりならぬと、二人とも首切られたのでした。

私は考えて、家をでる気になったのです。母がお産してから死ぬまで私が会社を休み、家の仕事を受持っておったのですが、若い女性が二人も一つ屋根の下におっても気づまりだし、なんぼ貧乏でも父たちは新婚さんで、私はじゃま者でしたから。

そこで、同じ働くなら名古屋の豊田織機へ行きたいと思い、父にも相談しました。父は「岐阜で働いたらいい。お前はそのうちにわしの手のとどかん所へ行ってしまうのとちがうかと心配だ」といったけど、私は、「豊田の社長さんが日本ではじめて新しい機械を考えて、自動織機だそうで、糸が切れたら勝手に機械が止るのできず物もできず、女工も楽だと前に新聞にでていたでしょう」というと、「おおそうじゃ、豊田佐吉[1]さんは東京から名古屋へ帰る汽車のなかで、機械のことばかり考えておって、名古屋で下りるのを忘れて九州まで行ってしまい、もどりもまた忘れて東京まで行って、三べんも行ったりきたりしたそうじゃ」。だからそんな偉い人が社長さんなら、きっと給金もよいと思うと、私はその日のうちに荷物をまとめて名古屋へ行きました。

一枚のビラ

大正八(一九一九)年の秋でした。さすがに名古屋は大都会で、今ほど資本家は悪がしこくなくて、新しい機械がはいったからと人べらしなんかせず、女工も募集していたので、一人で行った私でも文句なしに入社できました。寄宿舎もわりあい居心地がよく、みんな仲よく親切でした。仕事は木綿の二幅物を織っていましたが、自動機械ですから糸が切れると機械が止り、横糸がなくなると止るので、本を読んでいても仕事ができてとても楽でした。そして今まで私が働いていたどこよりもたべ物もよくて、年上の人がみんな親切にしてくれました。夜業の時に夜中に食堂へ行くと、炊事係のおっさんがみそ汁の実を山盛り入れてくれて、「ようけたべて大きくなれや、お前みたいな小さい者が夜中まで働かされてかわいそうやのう、日曜日にはあそびにおいで」といってくれました。

その上もう一つ嬉しかったことは、私と同じ年ぐらいの青年が受付にいて、朝晩私たちが挨拶して通りましたが、その中の一人の青年が「堀さん、堀さん」といってよく本を貸してくれました。その当時出版された本で、徳冨蘆花(2)と猪一郎兄弟の『世界旅行記』〔徳冨蘆花・愛夫妻による世界旅行記『日本から日本へ』のことと思われる〕を借りて読みましたが、さすがに文章も外国の風景も私にもよくわかり、やっぱり西洋の国は開放的でうらやましく思いました。なんとなくあたたかみがあるので、毎日働いて夜は文学書を借りて読んだり、短歌をつくりたいと思い、仲間が寝てからおそくまで書いては消し、書いては消し、時間も忘れて勉強しましたが、不思議に一つもできず、やっぱり学校へ行かなかったからだめだなあと悲しくなりました。

その冬も終り、四月のある日工場へ行くと、時間になっても汽笛もならず、みなさん機械の前に座っているので、「今日はお仕事できないのですか」というと、お姉さんたちから「今日はストライキや、仕事したらあかんで、あそんでいなさい」といわれて、私は「もったいないなあ」と思いながらあそんでいました。その時、背広を着て白いワイシャツにネクタイの、生れてはじめて見るハイカラな男の人がきて、一枚のビラを渡してくれました。「みなさん、これをよく読んでください、よいことが書いてありますよ」といって私にも一枚くださり、読むのが大好きな私は裏表ともすみからすみまで読みました。その一枚のビラが、私の一生の生き方を変えてしまうことになりました。

その夜になって、昼間工場でもらったビラをもう一度読みかえしてみました。二段目いっぱいに書いてあった吉野作造(3)博士の論文「個性の発見」。その内容は今でもおぼえております。

「だれでも人間は全部平等で、個性と人格、人権があることを、各個人が気づかず、知らずにいる。一人ひとりが自分の個性にあった仕事や学問をして、社会のためにも自己のためにも今より幸せな生活をする。自分を大切にする。そして他人を尊重する。労働者は話しあい、学びあい、団結することによって生活の向上ができる。学者も医者も政治家も個性の発見に努力せよ。労働者よ、団結せよ。自己の尊さに目ざめよ」

だいたいこんな内容だったと思いますが、なにしろ六十年も前のことですからまちがいもあると思いますが、私に魂を入れてくださった吉野博士の論文は、私の生きるための、一生の神さまだったのです。私は貧乏だった。差別された。考えてみると一つもいいことがなかった。そして、いつでもどこでも苦しい時、悲しい時、もうだめだと思った時に、私の心の中に吉野博士のよびかけの文章があったのです。

私はこのストライキの現場でもらった一枚のビラを読んで、矢もたてもたまらなくなり、その夜のうちに持ち物全部を売り払い、旅費をつくって上京したのです。母が病気とうそをいって、人のよい室長さんや友だちはかわいそうにと思って、私の持ち物をより高く買ってくれたり、せん別をくれたりで、自分の持ち金と合計三十六円できたのです。その夜の終列車で上京し、私の新しく生れ変った人生がはじまりました。

東京をさまよう

豊田の会社をとびだしたのは、たしか十八歳（数え年）の四月でした。持ち物は三十六円と手ぬぐいとくしとちり紙だけ、手製の小さな袋に入れて、あてのない旅にでたのです。名古屋をでる時はポーッと長い汽笛をならした汽車がゴットン、ゴットン出発、なんとなく身の引きしまる思いがしました。

朝早く品川駅へ着き、そこで下車しました。がむしゃらに東京へ行けばなんとかなると思ってでてきたのに、東京が近づくにつれてなんとなくこわくなり、「品川、品川」との駅夫の声をきくと、あわてて下車してしまいました。駅前は宿屋とみやげ物屋がならび、朝早いので人通りも少なく静かでした。急に思いたって上京したものの、どうしてよいやら見当もつかず、とにかくここは東京の入口だ、これからなにをどうするか考えるためにも休むところが必要なので、一軒の宿屋へはいりました。「早いお着きで」と、案内されたのが四畳半の部屋でした。お菓子をもってきた女中さんに、「しばらく泊めてください」というと、「お客さん、お一人ですか。東京は昔から生馬の目を抜くといわれるこわいところです。お気をつけなさいまし」と親切にいってくださり、「まあ少しお休みなさい」とおふとんをだしてくれました。

かくして上京第一日は品川泊り。一日寝て夕方街を歩いてみましたが、今まで生きてきた大垣や岐阜とは感じがちがい、言葉もちがい、朝私がでかける時には、「行ってらっしゃい」、夕方帰ると「おかえり」といってくれるのが、威勢はよいがなんだか木で鼻をくったようで、とりつくしまもない感じでした。そんな毎日を、私は歩いて、歩いて、東京見物しながら地理を頭にいれよう、どこに私の働くところがあるのかと、毎日でかけました。新橋、銀座、日本橋、上野、浅草を見学しましたが、私の働くところはありません。それで東京の地理をおぼえたいと思って、電車や汽車にのらないで自分の足で確かめようと、東京の街をすみからすみまで毎日歩いたのです。そして一カ月はすぎて、お金がなくなってから深川の紡績工場へはいりました。

入社第一日は身体検査でしたが合格して、次の日工場へでておどろきました。仕事はじめのサイレンがなり、機械が動きだすと、工場全体がゆさゆさ動き、とてもこわかった。レンガづくりの工場でしたから、木造よりよけいこわかったのです。小さいころにおばあから、濃尾の大地震の時に、岐阜市内では家が倒れて大ぜいの人が死んだ話をきいていたので、私は考えたのですが、災害が起きて工場が倒れたら、レンガの下敷きになって死体も見つからないだろう。この若さで死にたくない、やりたいことも山ほどある、ここはあかんと思い、二日いて逃げだしました。入社してたったの二日ですから、門番も顔をおぼえていないし持ち物もなく、夕方通勤の女工さんにまぎれてでました。今日の日給は二日分の食事代と思いあきらめました。そして歩いて、歩いて、深川から本所を通って、柳島から亀戸へ行きました。

そこには小さな川が流れて、まっ黒でした。私は、東京ともなれば水の色まで田舎とちがうとびっくりし、川の流れにさからって歩いて行くと、川の左がわに大きな工場が立ちならび、一番はじめの工場が東洋モスリン、次が花王石鹼、その次が東京モスリンでした。川の右がわには水野のゴム工場が見えていました。世間知らずの私はどこでも働ければよいと思い、東京モスリンの門をはいりましたら門番が二人おって、「こらこら、勝手にはいってはいかん。お前はここの女工とちがうな」といわれました。「小父さん、私は名古屋からきた者ですが、この会社で働きたいのです。一生けんめい働きますからやとってください。たのみます」というと「名古屋から一人できたのか。保証人もない者は使わないからだめだ」「そんなことといわんとたのみます」とおじぎをすると笑って、「いくらたのまれても会社の規則だからだめだ」とことわられました。

その晩はお金はなし、寝るところもなくて、しかたなく亀戸の街を歩いていたらお寺がありました。名前は萩寺と書いてありましたので、私の大好きな萩の寺なら、今夜一晩ぐらいどこかに泊めてもらおうと、裏手の墓場へはいって野宿をしました。

そして次の日も、東京モスリンへお願いしますと行ってことわられ、それでもあきらめずに三日目、「今日は」といって門をはいると、「またきたのか、なにしにきた」といわれ、「昨夜は行くところがないからお墓場で寝ました。模範女工になるから使ってください」とたのみましたら、「変った子やな、わしらが使ってやるといわれんから、労務のえらい人に会ってたのみなさい」と事務所へ案内してくれました。保証人のない者は入社させないといわれて、門番のおじさんに「おじさんたのみます。保証人になってください。ご恩は一生忘れません」と泣きついたら、「そうだな、女の子やから悪いこともせんだろうから、わしが保証人になってあげよう。ことわっておくがどろぼうだけは絶対するなよ」「私どろぼうなんかしません。一生けんめい働きます」といって入社できたのです。そのおじさんは五十歳ぐらいで、顔にあばたがありましたが、人のよさそうなやさしい人でした。

模範女工

私の仕事は細かい毛の糸でモスリンの二幅物を織るはた場でした。

吉野博士のお教えを守って、だれにも好かれる労働者になる第一歩だと思い、それこそ生れ変った気持で働き、朝も同室のだれよりも早く起きて、ほかの人が洗面している間に室のそうじをしたり、人のいうこともよくききましたので、みなさんがとしちゃん、としちゃんとかわいがってくれました。

そこまではよかったのですが、大変なことになりました。生れてはじめてシラミをわかしてしまったのです。四月から五月とだんだん暖かくなったのに、私は着たきり雀で洗濯ができなかったのです。綿ぼこりと汗とで、シラミが喜んで住みついたのです。二十畳の部屋に二十人ずつ夜昼交替で寝るのですが、ふとんも夜昼交替で同じふとんを使っているのでシラミがうつってしまうので室中大さわぎ。よってたかってつるしあげられましたがない袖はふれず、ひたすらあやまって廊下で寝ました。

それで私は、シラミをわかしてみなさんにめいわくをかけたからと思い、毎朝一人でそうじしました。それは、そうじをすると得するのです。二十畳に四十人もいるのでごみも多くでるわけで、そのなかにちり紙がおちているのを拾っててぃねいにそろえて使うわけです。石けんも、夜おそく洗濯場へ行くと小さくなったのが残っているので、拾って木綿の小さな袋へいれて洗濯したり、ものすごくけちに徹して金を貯めて、一生けんめい働いて、毎月の給料もはた場では一、二を下らなかったのです。当時の給料は、一人で織機を四台持って一カ月に手どり四十円から五十円ぐらいで、年末は賞与と給料とあわせて百五円もらったこともありました。もちろん一回だけでしたが。ほかの人とちがい、国元へ送金もせず、社内貯金と食費以外は全部手どり賃金でしたので、大好きな本を買ったり、上等の着物や帯を買ったり、年末に銀座へ行って天賞堂でスイス製の金ぐさりつきの懐中時計を買いました。

そして正月、岐阜へ帰ったら父は生活に困り、夜逃げをして、今は名古屋にいるときましたので、三日の朝早く名古屋へ行きました。名古屋の盛り場で栄町という所の裏街に父の知りあいがありましたので、たずねて行きました。知りあいの小父さんは、父はつくり酒屋の番頭さんをしているといい、「若い嫁さんもらって幸福すぎてばちがあたったんじゃ」といいながら電話してくれたので、一時間ほどして父は自転車できてくれました。「お前は名古屋へ行くといっとったのに、一年もたたんうちに行方知れずになったので、わしはなん回も豊田の会社へききに行ったが、会社でも知らんというし。もう一生会えんかと心のなかで泣いとったぞ。はがきぐらいくれたらええのに」といって、父の自転車の荷台にのって、名古屋の町はずれのつくり酒屋の社宅へ行きました。社宅といっても長屋で、四畳半一室きりのうす暗いところでしたが、若い義母に男の子ができて名を保といい、よちよち歩いてとてもかわいい子でした。

義母は大きな火鉢に炭火を起して、餅を焼いて待っていてくれました。その時私は、若い義母が正月だというのに髪も結わず、化粧もせずにいるのを見て、二十も年のちがう父といっしょに貧乏暮しをする姿に気の毒に思い、「保ちゃんになにか買ってあげて」と十円と、親不孝のおわびに二十円だしたのです。父は「こんなにもらってよいのか」と心配そうでしたが、小さい弟がまわらぬ口で、ねえさま、ねえさまといってとてもかわいいので、二日いて東京へ帰りましたが、その弟も大東亜戦争中に学徒出陣で戦死しました。

私は勉強して人間らしく生きたい。自由とはなんだろう。同じ人間なのに、身分がちがうから結婚できないとか、女工だから貧乏だからと今までばかにされてきた。今だって街の人たちは、私たちのことを女工だとかブタとかいって差別する。だれかがどこかで糸をつむぎ、ハタを織り、それで人間は冬でも暖かく暮しているのに、女工のどこがなんで悪いのだと腹をたて、手さぐりで生きてきた。けど、吉野博士の論文で少しずつわかってきたことは、世の中の不正やまちがいを正すためには、自分で勉強し、労働者は団結してたたかえとあった。昔とちがい、友だちもできた。働けば金にも困らんが、団結してなにを、どうたたかえばいいのかがよくわからないので、日曜日に図書館へ行って本を読み、帰りには一週間に読めるだけの本を借りてきました。

文学本もトルストイ、イブセン、ゾラ、ツルゲーネフなぞの作品を日本語に訳したのを読み、自由にあこがれておりました。今でも一番心の底に焼きついているのは、イブセンの『人形の家』で、妻であり母である前に人間でなければならない、という言葉です。当時の日本女性は、母も妻も男性の付属品であり、台所の道具であった。貧乏人の娘たちは、紡績女工だったり、貧乏な親のために売られた性の奴隷だったり、どこに人間性をみとめられているのか。私のまわりにはしあわせな人はいなかった。そのことを悲しいと思っても、辛抱するしかしかたがなかった。

私は一生けんめい働きながら、貧乏な父に毎月十円の送金をしたり、弟におもちゃや着物を送ったりしていました。

ストライキ

大正九(一九二〇)年五月二日、日本で最初のメーデーを、上野公園へ見に行きました。だれからもよびかけられず、一人で勝手に行ってみたので、やっぱりメーデーに参加なぞというのでなく、もの好きなやじ馬でついて行くうちに、上野の森へきて、人の多いのと赤旗にびっくりして見てきたのでした。

その後、年月日は忘れましたが、あれは夏だったと思いますが、東京モスリンでもストライキがあり、決起集会が行われました。場所は寄宿舎内の大広間で、私たちがお花やお茶を習ったり、偉い人の話をきかされる講堂でした。めずらしく外から通勤している男の人や、はじめてお目にかかる大日本労働総同盟友愛会の偉い人たちがいました。大ぜい集まって、役員さんの話をきいたのです。世界のうちで日本が一番労働運動がおくれていることや、外国の八時間労働、賃上げ、自由の権利なぞむつかしい話が多く、私たちはぽかんとした顔できいていました。

私もなにかいいたくてたまらなくなり、思わず立ち上がって演だんに上がりましたが、なにをいってよいのやら、目的も考えなかったので足はふるえるし、顔は山火事のようで声も出ず、立往生でぶるぶるとふるえていました。書記長の富士山さんが「堀君、そこへふるえに上がったんか。なにかいいたいことがあったらいいなさい」といわれてはっと気がついて、私は子どものころから弁護士といわれたほど口達者だったことを思いだし、負けるものかと思いました。

「みなさん、私たちも日本人です。田舎のお父さんお母さんのつくった内地米をたべたいと思いませんか。たとえメザシの一匹でも、サケの一切れでもたべたいと思いませんか。街の人たちは私たちのことをブタだ、ブタだといいますが、なぜでしょう。それはブタ以下の物をたべ、夜業の上がりの日曜日は、半分居眠りしながら外出してのろのろ歩いているので、ブタのようだというのです。私たちも日本人の若い娘です。人間らしい物をたべて、人間らしく、若い娘らしくなりたいと思いますので、食事の改善を要求いたしましょう」。こんな内容だったと思います。全員の大拍手で、私は頭がふらふらになりましたが、その要求は次の日、いなり寿司が昼食にだされ、次の日はイワシの焼いたのなぞだされて、カツ丼やカレーライスなどがときどきたべられるようになり、ストライキも終りました。

八時間労働も深夜業廃止もパアになりましたので、書記長の富士山さんは「堀君だけよい顔になった」と笑っていました。やっぱり一人ではなにをいっても弱いが、団結すれば要求のたった一つでも通すことができることがわかりました。だから私の労働運動の第一歩は、東京モスリンのストライキからはじまったのですが、自分たちの要求が通ったことは、ほんとうにしあわせだったのです。その時の東京モスリンの労働組合の名は労政会といい、労働組合とはいわなかったが、会長は福井さん、書記長は富士山さんとお二人の名前だけしかわかりませんでした。政治的な弾圧のため、執行委員や役員さんは名前もだせなかったのでしょう。

ストライキが終って十日ほどすぎたある夜、私の部屋へほかの部屋の人たちがどなりこんできました。「こら演説かたりいるか。お前がいらんことをいったので、ブタやら牛やらたべさせられて、大ぜい腹こわしで診療所へ行ってる」というのです。室長の青木さんと私は、なにがなにやらわけがわからんままに、平あやまりにあやまって、私は診療所へとんで行ってお医者さんにききました。先生は笑いながら、「心配せんでもいいよ。たべなれん油けの多い物をたべたので、胃がびっくりしているのだから。これからも肉や魚をたくさんたべなさい」といわれて、私はやれやれと胸をなぜ、安心しました。

そしたら今度は、お昼にだされたカレーライスに食堂のなかは大さわぎ。「こんなネコのへどみたいなもの食わないよ、また腹痛になると困るから」というのです。だけど女工さんのなかにも東京生れの人も少しはいて、室長をしている広瀬さんという人が、「大丈夫だよ。カレーライスといってね、西洋料理だよ。みんなたべずぎらいはよしなさい。田舎者だと笑われるよ。また堀さんに文句をいったらいけないよ」といってくれましたので、私はつるしあげをまぬがれたのです。

会社の追いだし

その次の災難は会社と警察との弾圧でした。保証人のなかった風来坊の私を、門番の保証人で雇った小娘が模範女工だと喜んでいたら、ストライキで演説したり金時計を買ったり、おとなしい女工をせん動するようなことをするのでけしからん、なんとか追いだしたいと、あの手この手のいやがらせがはじまりました。

はじめは室長の青木さんが、会社に買収されたのかおどかされたのか、朝に夕に「本ばかり読んで生意気だ」とか「田舎者のくせに生意気だ」とかいって、ほかの女工さんにも私に「ものをいうな、会社からにらまれているのでつきあうな」などといい、私が抗議すると、でて行けというのです。見かねたほかの女工さんが広瀬のおかつさんにいいつけたのです。私のいた室は松の二十号でしたが、広瀬かつさんは竹の三十六号の室長さんで、ものわかりのよい江戸っ子お姉さんで、家は浅草の裏町だといっていました。

ある夜、広瀬さんと同室の人たち六人で私を迎えにきてくれました。「としちゃん、こんなわからずやのところにいないで、私んとこへおいでよ。青木さん、永らく堀さんがお世話になりました。あんたは会社の偉い人のおめかけさんらしいわね」。ずいぶんひどいことをいうものだとびっくりしていると、「なにをぐずぐずしているの、責任は全部私が持つから」と、それこそ抱きかかえるようにして、荷物も三十六号室の人たちに持たせて、自分の部屋へいれてくれました。さすがに青木さんの部屋の人たちも三人ほど送ってきてくれましたが、おかつ姉さんから「二十号の意気地なし、青木がそんなにこわいのか。さっさと帰れ。塩をかけるよ」といわれて逃げるように帰りました。今思いだすと、送ってきてくれたのはお民さんとその妹さん三人でした。お民さんは二十七歳ぐらいで、自分たちの田舎言葉を笑われると、「上州のべいべい言葉をやめたなら、なべやつるべはどうするべ」といっておしりをたたいてガニ股で歩いたりする面白い人でした。

それから毎日たのしく働いていましたが、ある朝早く、とつぜん警察の人がきて、「堀としをいるか、ちょっととり調べる件があるから署まできてくれ」といって無理に連れて行かれました。その日から私の一人でのたたかいがはじまりました。「お前は女工のくせにぜいたくだ。いい着物や帯をつくったらしいな。金時計も買ったそうだが、本当はどこでとってきたのだ」と私をどろぼうだときめつけるのです。はじめは、自分で働いた金で買ったのだから店の名もいいますから調べてくださいといったのですが、私のいいぶんなぞはとりあげず、一週間の拘禁で、なぐるけるのごうもんをされたのです。それで私は、一人ぼっちでなにかいえばいうほどなぐられるからだまっていよう、食事もすまい、と決心しました。私はごうもんなぞは徳川時代のできごとで文明国家になった日本ではないのだと思っていたので、こわいやら腹がたつやら。あんな人たちと口をきくのもけがらわしいと思い、とうとう一週間水ばかりのんで、ひとことも口をきかなかったのです。

そしたらやっと七日目に、私を工場から引っぱってきた刑事が「今から帰ってもよいが、腹がへってるだろ、なんでもたべなさい」と、机の上に寿司やらうどんやらお菓子やら並べてくれたのですが、こんな人たちのいうことは信用できないのでだまっていると、「強情っぱりだなあ、今日は本当に帰ってもらうから、なにかたべないと歩けないだろ」というのです。そこで私は、「なにもたべません。外へでたら自分の金で買ってたべます。あなた方が私を連れてきたんだから、元のところへ連れてってください」といったら、「ばかなことをいうな、警官が女工を送って歩けるか、一人で帰れ」「連れてくる時はかっこう悪くなかったのですか」「なかなか口が達者だなあ」というわけで、車をよんでもらって帰ったのですが、車代は会社でたてかえてもらいました。私は金はあったけど、会社と警察とのなれあいだと思ったので、自分の金は一銭だってださなかったのです。

門まで舎監が出迎えていて、部屋へ行ってみておどろきました。私の荷物はなに一つないのです。舎監から「堀さんの荷物はここにはありません。よそへあずけてあるから、今からそこへ行きなさい」といわれて、「いくら舎監さんでも、人の持物を勝手によそへ持って行ったら泥棒です。私の大切な時計や金がいれてあったのに」と怒ってみてもぬかに釘で、夕方までがんばったけど、室長さんが「としちゃん、災難だったね。あんたがどろぼうだとは思えないけど、会社は首にせず、外から通ってもらうといってたからがまんおしよ、ね」といってくれましたが、ほかの人は私には言葉もかけてくれないのでとりつくしまもなく、舎監に送られて新しい私の住所へ行きました。

行ってみておどろきあきれたのですが、本屋さんの二階の六畳と三畳の二間で、本箱、机、茶道具、ふとんまでそろっているのでした。時計は舎監さんが持っていて、私に貴重品ですからと手渡してくれました。なんとも口惜しくて腹のたつできごとでしたが、私にとってつごうのよいこともありました。大好きな本が身近にあり、新しい本がいつでも手にはいり、金のない時には借りることもできるし、生れてはじめて本箱や机を持ち、毎晩でも行きたいところへ行けるので、お芝居でも歌でも見に行けるので、のんき者の私は今までの災難も忘れがちになりました。

そんなある日、労政会の会長の福井さんのお宅へ行った時、私をどろぼうにしたてようとした警察のこと、ごうもんされたことなぞ話したら、福井さんは、「警察より会社があんたを首切りたかったんだ。だけど前にあんたを首切りしようとした時は、女工さんがストライキでたたかって失敗したので、今度は警察にたのんだんだ。ストライキで女工さんがあんたを守るたたかいは僕たちが仕組んだのだが、今度はあんただけを犠牲にして、まことにすまんと思ったけど、へたに動くと僕らもまきこまれるのでしかたなかったんだ。かんべんしてください」とあやまっておられました。

細井和喜蔵(4)との出会い

大正十(一九二一)年の五月でした。福井さんに紹介されて細井に会ったのです。福井さんの話によると、「細井君はうちの組合の活動家で、一昨年会社を首切られた人だが、今は病気で困っているらしい。あんたが行ったら喜ぶから行ってあげなさい。頭のよい、真面目な青年です」とのことで、ある日曜日の午後おたずねしたのです。はじめてお会いするのだし、お見舞いしたいがどんな病気かわからないので、お花がよいだろうと思い、海芋《かいう》の花を買いもとめ、亀戸の裏町の炭屋の二階に間借りしている細井をたずねました。和喜蔵はとても喜んでくれました。

「あなたが堀さんですか、めずらしい花ですね。これは洋風の花だ。あなたは女工らしくないハイカラさんだ」といって、お礼だと、ベーベルの『婦人論』を読んでみなさいとくださいました。その時の病気は痔ろうだとのことでしたので、「色気のない病気ですね」といったら、「まったく、結核、肺病のつづきらしい。僕は長生きできないだろうから、今の仕事だけはなんとしてもやりあげたい」というのです。「どんな仕事ですか」とききましたら、「今まで紡績で絞りあげられたことや、女工さんたちの悲惨な生活を一冊の本にして、世にだしたい。体の弱い僕は、とてもほかの仕事もできないし、紡績資本家からはブラックリストをまわされるし、石にかじりついてもこの実情を世間一般の人びとに知らせたい」といったので、「およばずながら私もお手伝いいたしましょう」ということになったのです。はじめて会ったのに話は午後までつづき、若い男性なのに昔からの知りあいの人みたいで、気安くお話ができたのです。

細井という人は、私の父や初恋の角さんのような男らしさはなく、やさしい先生のような人でした。細井の話では、婿養子にきていた父は自分が生れる前に実家に帰ってしまい、母もちりめん織屋の女工をしていたが、二十七歳の若さで山のため池に入水自殺をしたので、祖母に育てられたといっていました。祖母にも死別したのが十三歳の時だったと淋しそうでした。それ以来一人ぽっちで、織屋の小僧をふりだしに、大正十年の現在まで一人で生きてきたといっていました。そして病弱で会社を首切られ、その日の生活にも困っているお気の毒な人だったので、その時から私はなにかしてあげたいと思いました。

今思えば、初対面でこんな打明け話ができるなんて、よくよく縁が深かったと思います。それからはときどきおたずねして、寄宿舎にいた時の話や仕事のこと、女工さんたちの考え方やストライキの時の話をしたら、細井は手を打って、「えらいなあ、その演説をききたかった」と目を輝かせておりました。ベーベルの『婦人論』を読んだり、細井から労働運動の話をきいたりするうちに、細井だけが、私を同じ人間として同等にあつかってくれると思いました。父もなにかといえば「女はだまっとれ、おとなしくせんと嫁にもらい手がない」なぞといっておったし、大好きだった角さんも親切だったけど、女工は早くやめて花嫁修業してほしいといったこともありました。細井とは、こうしてときどき会って本を借りたり話をしたり、いっしょにご飯をたべたりしても、あまり男性を感じませんでした。

そんな友情が一年つづき、二人は友情結婚したのですが、なによりありがたく感じたのは、男女は世界中に半分半分生れている、そして男女は同権であるといって、それを実行してくれたことでした。三年間の同棲生活で一度もけんかしたことはなく、私が仕事に行っている間に洗濯をすまして、夕食の仕度もしてくれましたが、実に上手でした。きれい好きだったので室内はいつもぴかぴかにしていました。私が深夜業を十二時間働いてふらふらに疲れて帰ると、冬はふとんをあたため、夏は窓をあけてうちわであおいでくれて、「すまん、すまん」とあやまっていたのでした。だから貧乏ではあったが、平和な毎日でした。

関東大震災

大正十二(一九二三)年九月一日でした。あの日は私は深夜業で、十二時間眠らずに働き通したのに暑苦しくて眠られず、室内でごろごろしていると、和喜蔵は「こう暑くてはめしも食いたくないから、冷たい物を買ってくる」といってアイスクリームを二つ買ってきて、二人でたべはじめた時でした。突然ぐらぐらとゆれはじめたので、早く戸外へでようと思っても、立って歩くこともできなくて、ころがりながら階段を下り、ようやく外へでた時には、隣り近所の古い家が軒なみつぶれていました。家の下敷きになった人びとの「助けてくれ」という声をきいても、間断なくゆり返しがきて立っていられんので、どうすることもできなかったのです。私たちの住んでいた家は新築のアパートの二階でしたので、家は倒れず、不思議と火事にもならず、私たちは助かったのでした。

そのうちに小さな川一つむこうの本所の方から火の手が上がりましたので、家のない方へ行かんと助からんと思い、モスリン工場の裏手の方へ逃げたのです。いつもは五分ほどで行ける工場の前まで行くのにも、長い時間かかったように思いました。時計もなく、着のみ着のまま工場裏のハス池のほとりへたどり着いた時には、川むこうの東京の街は火の海でした。その間にもゆり返しはひどく、立っていられず、私は船酔いのようになりました。その時私は、祖母の話を思いだしていました。はじめの大ゆれで倒れなくても、ゆり返しで家は倒れるから、うっかり家へはいってはいけない。物より命の方が大切だから、持物でも大事な物でも、絶対家へとりにはいるな、といつも祖母から教えられていたのです。夕方になると細井は「書きかけの原稿をとってくる、ペンと原稿は僕の命だから」といって家へもどり、少しばかりのお金やらタオル、万年筆を持ってきました。

二日目の夕方にアパートへ帰り、お米も残っていたのでご飯を炊き、塩をつけておにぎりをつくり、夜は元のハス池のところへもどり、野宿をしました。三、四日目ころから、朝鮮の人をつかまえて小松川の方へ連れて行くのを見ました。朝鮮人が井戸へ毒を入れたなぞといっているのをききました。在郷軍人だか右翼だか警官だか、その時はわかりませんでした。多い時には朝鮮の人を二十人、三十人ぐらいずつ麻のひもでじゅずつなぎにして、木刀や竹刀でなぐりながら、小松川の方へ連れて行くのを見ました。池のなかへ逃げこんだ朝鮮の人が、大きなハスの葉の下へもぐっているのを見て、ほんとうにお気の毒で言葉もでませんでした。見かねてにぎりめしと水を少しあげたら、手をあわせておがんでおられましたが、恐ろしいことでした。

そして五日目ぐらいでしたが、細井と二人で本所まで焼跡を見に行きました。一生に二度とない大災だから見ておこうと行ったのですが、そこで見たものはこの世の地獄でした。電車が焼けている。馬が死んでいる。道ばたで死んでいる女の人のお腹から赤ちゃんの頭がでていたり、重傷の人が虫の息で水、水といいながら倒れていたり、本所から浅草へ渡る橋が焼け落ちて、隅田川には死人のいかだ。それはそれは、かぞえきれない悲惨な光景ばかりで、不思議なことに救護班の姿は見つけられませんでした。

七日目ぐらいになると余震も少し間をあけるようになり、アパートへ帰ろうかと思っている時でした。細井の友人で、同人誌に詩を書いていた山本忠平(5)さんが、坊主頭で紺の印ばんてんに縄帯姿で現われました。「君たち、こんなところでなにしていたのか、早く逃げないと殺されるぞ。南葛労働組合の執行部は全員殺された。僕も今から田舎へ行く。とにかく早く逃げろ。アパートへ荷物をとりに行ったらつかまるぞ」といって、お別れしたのです。

あの時が新婚旅行

私たちは着のみ着のままで歩いて、上野駅へ、そして直江津へでて、それから信越線で名古屋へでたのですが、汽車は超満員で、列車の屋根の上にもいっぱい乗っていました。汽車のなかにいたなん人かの青年が、どうしても押しもどされて泣きべそをかいている私を、むりやり引っぱりあげてくれました。細井は汽車の屋根へ上がりました。こぼれそうな人をつめこんで、のろのろ列車はようやく東京をはなれました。田舎へ行くと止まる駅駅で、お百姓さんがおにぎりやジャガイモの炊いたのやお茶を、窓からさしいれてくださいましたので、地獄で仏に会ったように思いました。細井は屋根の上だから、だいぶひもじい思いをしたらしいのです。

そして軽井沢の駅で、私は一生忘れられない、憎んでも憎みきれない言葉をきいたのです。

私のすぐ前に、子どもを連れた女の人が二人おりましたが、その人たちの話がいいようのないひどい言葉でした。「まあ奥さま、助かっていらっしたの、よかったわね」「おや、まあ、お宅さまもお元気でよかったわね」「はあ、おかげさまで、家族は全員無事でしたが、ねえやは死にましたけど」「まあそうですか、でもねえやでよかったわね、ねえやならいくらでも代りがありますよ」。それをきいて私は、全身の血が逆流する思いでした。私たちが毎日命をつないでいるお米も野菜も、お百姓さんがつくってくださっているのだ。現に今、炊きだしをして窓からさしいれて私たちを助け、はげましてくださっているのもお百姓さんじゃないか。焼け死んだねえやさんも田舎のお百姓さんの娘さんなのに、この人たちは私たちと同じ人間なのかしら、どうしてくれようかと、私は歯をかみならし、にぎりこぶしをふるわせた時でした。

田舎の人の節くれだった太い手が、ジャガイモを大きなかごにいっぱいいれて窓からさしいれてくれました。その時、私はどうしてあんな力がでたのか、びっくりする力でまわりの人びとを押しのけてそのかごを受けとり、私たちの席からはなれたところにいる人びとに渡してしまいました。そしたら先ほどの女の人が、「こっちへもください。子どもがお腹をすかしています」といったので、私は「だめですよ。あんたたちにはあげられませんよ。焼け死んだねえやさんのご両親と同じお百姓さんがつくったおいもです。あなたたちはたべる資格がありませんよ」と、私は精いっぱいの恨みをこめていったのです。

それからは止まる駅ごと、お茶でもおにぎりでも、お百姓さんからさしいれがあると私が意地悪をして絶対その人たちには渡さなかった。私は大きな声で「あなたのお子さんも同じ日本人の子どもです。ねえやさんのご両親がきいたらどんなに悲しいかと思いませんか。水もご飯ももらえない子どもを見てどう思うか。一生にいっぺんぐらいひもじいことや、自分の思うようにならない人が世のなかには一人や二人いることを経験した方がいいのです」と、私は絶対窓口にがんばり通しましたが、まわりにいた人たちもなにもいわなかったのは、皆さん、命だけ助かっても今後どうして生きていくのかが心配な人たちで、人のことどころではなかったのでしょう。なかには家を焼かれ、家族と生き別れ、死に別れて、半気ちがいの人も多く、私の行動をとがめなかったのも、あるいは私のことを気が狂っていると思ったのかもしれません。

そして長い時間かかって名古屋駅へ着きました。そこで駅前の日赤の救護班のお医者さまに注射をしてもらい、足の裏にもお薬をつけてもらって岐阜駅へ。そして岐阜市内の姉の家へようやくたどりついたのは、上野を出発してから二日目の夕方だったと思います。姉の家で三日休養して、津汲の祖父母の家へ二人で行きました。二人とも着のみ着のままでしたので、私は姉の浴衣と帯をもらって着てましたが、和喜蔵はシャツ一枚だったので、本家の伯父から白地の絣の着物と黒のへこ帯をもらい、大伯母さんからはネルの男物の着物とじゅばんをもらいました。村中の親類でご馳走になったりして、一週間、山や川を歩きまわりました。

その時、和喜蔵のいったことを思いだすと、今でも涙がでます。「いいなあ、田舎は山や川が美しいし、人情に厚い人ばかりで、君はしあわせだよ。僕は帰っても一人の肉親もいないし、家もないので、帰るところがない。やっぱり僕は親なしっ子だ」とさびしそうでした。その時私たちは、山の桑畑の横の道で、むこうの山やふもとの川をながめていたのですが、さすがにのん気者の私もその言葉に胸がいっぱいになりました。「これからは一人ぽっちではないのよ。死ぬまで二人でがんばりましょう」と手をしっかり握りあいました。その時、和喜蔵の目は涙でうるんでとても美しかった。口紅をさしたようなくちびるも印象的だった。一年間の恋人時代も、結婚してからも、二人で歩いたりあそびに行ったことがなかったので、思えば震災のおかげで私も里帰りできたのです。あの時が私たちの新婚旅行だったと思います。

「百円」事件

あの時、私の親類からお見舞いにもらったお金が合計十二円でした。そして名残りつきない生家を後に、村を去ったのは九月なかばをすぎていました。再び岐阜市の姉の家へ一泊して、姉からも十円もらいましたので大助かりでしたが、和喜蔵はとても申しわけないといっていました。

次の日は、大阪市四貫島の東洋紡績の社宅にお住まいの細井の昔の先輩のお宅へごやっかいになりました。申しわけないけどお名前を忘れてしまいましたが、思いだすのは、「和喜さんか、嫁はんもよう助かったのう。わいとこもあいかわらず貧乏や、嫁はん、下駄のはなおつくっているわ。まあ、ゆっくり仕事さがしや」とおっしゃったことでした。お子さんも多いし、そう、いつまでもごやっかいになるのも気がねで、Aさんという人のお世話で、兵庫県の猪名川《いながわ》の上流の多田村にあった猪名川製織所へ入社したのです。Aさんは私たちがごやっかいになっている家のお知りあいで、わざわざ多田村の会社まで連れて行ってくださいました。渡る世間に鬼はないとはよくいったもので、あの時は行く先先でみなさんのご親切とご厚意に助けられました。ご恩は今でも忘れません。

それからはじめて、私たちの共働き生活がはじまりました。その会社の工場は猪名川のそばにあり、男女あわせて五百人ほどで、女子は寄宿舎住まいが多く、男の人や夫婦共稼ぎの人は社宅で、小学校も近くてとてもよいところでした。そこでは木綿の二幅物を織っていましたが、染め物もしておりました。工場で織り上げたものを染めて、青や赤の美しい布を猪名川の清流でさらしていたのです。私たち新参者には社宅の空き家がないので、近くの百姓家の二階を借りました。さすがに田舎の家は広くて、八畳二間を借りて一カ月の家賃が二円五十銭。荷物が一つもないので広すぎて困るほどでした。ここまでくる間に私が名古屋の父の家へたちよらなかったのは、和喜蔵のことを三文文士といって、私たちの結婚に反対されたので、口惜しくて負けん気の強い私はたずねなかったのでした。

猪名川製織所では、和喜蔵は機械直し、私は織場で働きましたが、給料は安くて二人で一カ月働いて三十円ほどだったので、年の暮も近く寒くなっても、木綿の着物も現金で買えず、ニコニコ絣の着物と羽織の反物を月賦で買い、私は生れてはじめて男物の着物と羽織をぬってあげたら、和喜蔵は大喜びでおどりだしました。

そんな貧乏暮しでも二人は若く、田舎の生れでしたので、秋は山や川の景色をたのしみ、川で洗濯をしたり、日曜日には山歩きをして栗を拾ったり、たのしい毎日でした。和喜蔵はなんとしても『女工哀史』を世にだしたいと、毎日少しずつ書いておりました。

そんなある日、東京の改造社から百円送ってくれました。あれは年末だったと思いますが、大喜びで郵便局へ受けとりに行ったら、郵便局には百円のお金がないといって、しかたないので私は遠い道を歩いて、大阪府の池田町まで行って本局で受けとりました。そしたら翌日さっそく警官がきて、「君とこえらい大金がはいったそうやが、どこからそんな金がはいったのか」と調べにきましたので、私が「なんでそんなこと調べるのですか。改造社から原稿料送ってきたのですよ。貧乏人が大金持って悪いのか」といったら、「べつに悪いことないけど、百円というたら大金やから」といって帰りました。

その夜、細井は「ここにいたらあぶない、正月休みに家さがして家うつりしよう。そしてなるべく早く上京して、『女工哀史』をだしたい」といって、さっそく猪名川のむかいの村で、今までの家よりせまかったけど、四畳半の一間を借りて引っ越しました。そこには川を渡る橋がなかったので、朝夕は暗いのに足袋をぬいでとび石づたいに手をとりあって川を越え、会社へ通ったのでした。川があり、村には人間が住んでいるのに橋がなかったり、年末に百円送ってきたら郵便局と警察がおどろいたり、昔は貧乏人が金を持てなかったと思います。そんな生活のなかでも、和喜蔵は『女工哀史』を書きつづけていました。

転転と女給生活

翌大正十三(一九二四)年の二月二十三日に、名残りおしい猪名川と、半年間いっしょに働いた仲間たちとも別れて上京したのです。ここで友だちになった二十三歳の川田さんという青年が、どうしてもいっしょに行くといってきかないので同行しました。

上京すると、まっすぐもといたアパートへ行ってみたのですが、少ない家財道具もなくなり、なにがどうなったのかよくおぼえていません。とにかく、野宿するのには東京の二月は寒すぎるので、寝るところをさがして、ようやく場末のうなぎ屋さんの二階を借りました。そしてふとんと鍋釜を買い、六畳一間きりの、せまいながらも、たのしいわが家でした。下はお店と調理場だけでしたので、店のご主人夫妻はどこにお休みになっていらっしたのか、今考えても不思議ですが、親切な方たちだったと思います。

寝るところができたので、さっそく東京モスリンへ行き、「また東京へ帰ったので働かせてください」とたのんだのですが、会社は震災で工場が半分つぶれたので、人べらしをしたのでだめだとことわられました。それでたちまち米代にも困り、目黒の私のいとこの家へ相談に行きました。そしたらいとこの嫁さんがいわく、「としちゃん、働くところはなにも紡績ばかりじゃないわよ。あんたは若いのだからカフェーに行けばなんとか食うに困ることはないと思うよ。着物は私がつごうしてあげる」といって、村山大島の着物とメリンスの花もようの帯を買ってくれました。あまり気がすすまなかったけれど、本所緑町のカフェー〝みどり〟という店へ女給で働きに行きました。そこで私は、笑うに笑えない、泣くにも泣けない、女給の生活を送るようになったのです。

私は小柄でお人よしだったので、お客のだれにも人妻であることを見破られることもなく、「としちゃんは十八ぐらいか、べっぴんではないがかわいいよ」なんていわれて、お客さんが子どもっぽい私を面白がって、小づかいをくれたりお酒をのませたりしたのでした。夜十二時すぎたら市電もなく、タクシーもなく、金もなく、毎晩歩いて帰ったのでした。十二月の寒い夜中一人で歩いていたら、変な男の人が私のあとからついてきて、気持ちが悪くなったので家の近くまできて走りだしたら、その人も走っておっかけてきたのです。その話をしたら和喜蔵が心配して、あくる晩から迎えにきて、店の外で待っていていっしょに帰りました。三日目ぐらいに店の主人から、「男の人が迎えにきたり店のまわりをうろうろするようでは困る、としちゃんにはやめてもらう」とまたまた首切りでした。

それからは、あそこに三日、ここに二日と、東京市内を転転と女給や女中をして、細井と二人ほそぼそと命をつなぎ、和喜蔵は『女工哀史』を必死の思いで書いていたのです。女給や小料理屋の女中をして、苦いお酒ものむようになった私を、細井の友人のなかには快く思っていない人もいたようです。でもあの当時の私は、生きるためにはどろぼうのほかはなんでもしなければ、他人の白い目など気にしてはいられなかった。そのうちには住みこみの時もあり、客あつかいの下手な私は、あまり金もうけはよくなかったけど、夫への仕送りはほそぼそながら毎月つづけていたのです。そのころ、和喜蔵は静かなところで原稿が書きたいといって、下目黒へ引っ越していました。

私も女給をやめて家におったのですが、毎日用事らしい用事もなく、退屈でしようがなくて、話をすれば仕事のじゃまだと夫にいわれるので、なにか仕事はないかと五反田を歩いていた時に、星製薬の従業員募集のビラが電柱にはってあったので、私を使ってくださいといって採用されました。薬製造工場は清潔で、紡績なんかとはくらべものになりませんでした。そして〝ミンツ〟というお菓子もつくっていて、私はそこの包装の仕事でした。

そこでは昼食は会社から支給され、社長さんも私たちも同じ食事内容でした。服装も男の人は社長さんと同じねずみ色の背広で、私たちは全員白の上着、白の帽子で、とてもきれいでした。社長の星一[6]さんはときどき私たちの職場へもでてきて、昼食をいっしょに召上がっていました。ご飯は麦めしで、おかずもおいしかったので、さすが欧米帰りの社長さんだと感心しました。なにより嬉しかったのは、いっしょに働いているのが若い娘さんたちで、話をしたりうたったり、毎日たのしく働きました。歌は田谷力三[7]さんの「恋はやさし野辺の花よ」だとか「ベニスの舟うた」なぞでした。紡績女工の時に歌ったのは

会社流れて工場焼けて　門番コレラで死ねばよい

同じ年ごろの娘たちが同じころに歌ったのか、と思えないほどのちがいようだけど、ところは日本国内で、同じ年代でした。

それともう一つおぼえているのは、会社が若い人たちに勉強させるために、商業学校と薬学校を合併した学校を建てたのですが[8]、その開校式の時に、女工も全部、出席させられたのです。その時にアインシュタイン博士がきて、演説をじかにきいたのです〔星製薬商

業高校の開校およびアインシュタインの来日は、いずれも実際には一九二二年である〕。中身はよくおぼえていませんが、相対性原理とかいうことで、私がその時に理解したことは、なにごとによらず片よってはいけない、男女の愛情でも親子の愛情でも相対的なものである、ということでした。自分だけが一生けんめいつくしてる、愛していると思ってもいけないし、両方が相対的につくしあったり、愛しあったりすることが、人間の生き方とちがうか、というふうにうけとったのです。こんな偉い人の話がきけたのは、いい思い出でした。

そして給料は紡績とあまりかわらなかったけれど、月末にはまるまる手渡されるのが嬉しかった。給料日には五反田の街で新しい雑誌や牛肉を買って、女給時代におぼえた西洋料理をつくったりして、あの当時が私たち夫婦の一番人間らしい毎日だったと思います。

和喜蔵の死

そのうちに和喜蔵は、もとの古巣の亀戸へ帰りたいといって、私が働きにでている間に亀戸へ行き、私がもといた本屋の二階を借りてきました。びっくりした私が「なんでや」ときくと、「やっぱり亀戸の方が性にあってる、こんなブルジョアくさいところで暮すのはあきた」というのです。私はその時、やっぱり男の人は勝手なことをいうと思いましたが、その当時の私は夫唱婦随があたり前のように思っていたので反対もせず、ついて行きました。そして生活のためにまたまた女給になりました。

そのうち妊娠して、夏になるとお腹が目だちはじめたのでカフェーにも行きにくくて、杉並の方の小料理屋で住みこみで働いておりました。お客さんから「君、太ってるのか、おなかがでてきたね」といわれたり、店の主人に「赤ん坊生んで一人で育てられるのか、捨てられたのか、どんな男なのか話をつけてあげよう」などといわれて、恥しいやら心配やらで泣きべそをかいているところへ、「ホソイキトク　スグカエレ」と電報がきたので、とんで帰りました。私の顔を見るなり、「早く病院へいれてくれ、死にたくない」というので、川田さんにお願いして、亀戸の博愛病院へ入院させました。猪名川工場からいっしょに上京した川田さんは、東京モスリンで働いていました。和喜蔵が弟のようにかわいがっていた青年でした。

あとを川田さんにたのんで、私は金策に歩き、やっと三十円つくり、病院へかけつけた時には、急性腹膜炎でもう手おくれだといわれ、夕方六時に息たえたのでした。大正十四(一九二五)年八月十八日でした。実に発病して三日目の夕方でした。この年の七月に改造社からようやく出版された『女工哀史』に、精魂をかたむけつくしたすえの疲労からだったのです。

臨終の言葉は今も忘れません。

「残念だ、仕事が残っている。子どもをたのむ」といった時、なにかゴム風船の破れたような音がして、赤黒い血をはきましたが、よほど苦しかったのか、手足をけいれんさせて、一分間ほどで動かなくなりました。医師の「ご臨終です」の言葉に思わず涙をこぼしたら、頭の上で、「泣いてはいけない、あんたが泣くと仏になれない」といわれて上を見たら、改造社の山本社長さんでした。(9) そして和喜蔵の友人や藤森成吉先生(10)や、私の知らない人びとが大ぜいきてくださいましたが、私はなにがなんだか気がつかず、どうしてよいやらわかりませんでした。川田さん、山本さん、重広さん、鶴巻さんのお世話になり、細井は下宿の二階へ死体で帰り、友人大ぜいでお通夜を行いました。

戒名は、山本忠平さんが書いてくださいました。「南無無産大居士」と。坊さんもたのまずに、「細井は坊主や寺は大きらいだったから、俺が引導渡してやる」と山本忠平さんはいっていましたが、私も神や仏を信じませんでしたし、金もなかったので、下宿のおやじさんはあきれて、首をかしげておりましたが、私たちは気にしませんでした。今考えると、まことにお粗末で申しわけなかったと思います。

翌日のお葬式に、全員霊柩車へ乗りましたので、「無産大居士」を送るにふさわしく、見送りの車もなかったのです。紋付なぞ着る人は一人もなく、近所の人たちも知らないうちに出棺いたしました。焼場は小松川にありましたので、霊柩車は東武線の下を通ったのですが、鉄道のガード下が低くて、車がコンクリートの天井にぶつかって、藤森先生がおけがされるしで、車が道を変えてやっと焼場へついたのは、夕焼けで西の空がまっ赤になり、今まさに太陽が沈もうとする時でした。その時に川田さんが、「やっぱり細井君は奥さんのことが心残りだったんだ。だから車が進まなかったり、道にまよったんだ、細井君は逝きたくなかったんだ、かわいそうになあ」と私の手を握りしめてくださいました。

夜になってみなさんお帰りのあと一人になると、悲しみと淋しさで泣きに泣きました。でも泣きながら考えました。泣いているひまなんかないんだ。これからは、子どもを生み育てる母親としての大役があることに気がつきました。私のそういう考え方に応えるように、お腹のなかで「びくん」と動いたように感じました。次の日、川田さんは会社から帰るとすぐに見舞ってくださり、「とにかく一人でいてはいけない、子どもが生まれそうになったら大変だ。僕の家へきなさい」といってくださいましたので、和喜蔵の初七日の日に、わずかの家財道具をまとめて、川田さん宅の居候になりました。川田さんは東京モスリン亀戸工場の社宅にはいり、秋田県出身の美しい女工さんと結婚しておられましたが、ご夫妻ともとても親切にしてくださいました。慶応大学の井之口さんという学生さんが、『女工哀史』を読んでとても感動したので、友人たちと相談してカンパを集めましたといって、二十七円六十銭持ってきてくださったこともありました。

細井との三年間の生活を思うと、一度もけんかしたことはありませんでした。「君が働いて生活を維持してくれるんだから、ぼくは奥さんのかわりをする」といって、また「それをしないと運動不足になるから」といって、家の用事をして、昼間静かな時に原稿を書いていました。めったに話をすることもなくて、ごはんをたべている間もずうっと考えて、なにか思いついたらパァッとはしをおいて立ち上がって、原稿を持ってきて、「今日、書いたとこ、これ、どやろな、まちがってへんだろか、これでいいやろか」といって、もう、四六時中、原稿のことを考えていたようです。

そして、よく二人で講義をききに行きました。その時分のお金で一回二円ぐらいだったと思いますが、早稲田大学の文学部の聴講に行ったのです。それから労働学校にも行って勉強しました。当時の一流の先生が講師で、安部磯雄(11)さんとか、吉野博士とか、山本宣治(12)さんとか。山宣さんの生物学の講義の時には青年が多かったので、性教育の話もわかるように話してくださいました。経済の話も安部先生のお話はよくわかりました。

細井といっしょになったおかげで、いろいろなことがおぼえられました。だから戦争のあとでニコヨンになって、労働組合をつくった時なんかも、若い時に基礎的な勉強をしておいたことが、すごく役にたちました。細井は早く死んでしまったけれど、私はお金にはかえられない、他人にどんなことをいわれようが、どんな目にあわされようが、だれもうけつぐことのできない細井の遺産をうけついで、今まで生きてこられたのだと思います。

二つの骨つぼ

九月一日から、下目黒の小寺さん宅へごやっかいになりました。小寺さんは私の同郷の遠い親類で、「他人さんの親切に甘えてご迷惑をかけてはいけない。僕とあんたは義理のいとこだから、えんりょせずに兄の家だと思ってきなさい」といってくださったのです。小寺さんの奥さんは新潟生れのやさしい人で、久子ちゃんにちい子ちゃんという、とてもかわいらしい女の子がいました。

やれやれと思い安心したせいか、目黒へきて七日目の夕方から私は産気づきました。和喜蔵が死んでから半月足らずの間に二回も住所が変り、心配とつかれで一カ月早い出産で、母子とも弱っていたので、陣痛が起きて三日目の朝になっても生れず、このままでは母子とも助からんと思い、井之口さんにもらったお金に三円足して、三十円だして医者をよんでもらいました。そして二時間ほどで男の子が生れましたが、弱り切っていたのか、産声もあげませんでした。九月九日の十一時ごろでした。名前は暁とつけました。あまりにも暗い父子二代の親なしっ子に、早く明るい夜明けがくるようにと、子どもの未来を日本の夜明けにかけて命名したのですが、泣き声も小さく、おっぱいを吸う力もなく、だんだん小さくなっていくわが子に、私は必死にお乳を絞り、小さな口へ流しこみましたが、とうとう生後七日間で、短い命は消えてしまいました。

当時私は東京市に寄留せず、籍は本籍地の岐阜県にありましたので、葬式をだされんのかと心配しましたが、小寺さんが弱い子どもを心配して、目黒区役所へ自分の長男として出生届をだしてくださったのが十五日で、子どもは十六日に亡くなったので、やっと死亡届もだして、葬式も小寺さん宅から出棺しましたが、それが思ったよりなんぎなことになりました。その時のことを思いだすと、まるでお芝居みたいな悲劇なのでした。どこまで不幸な子どもだったのかと今でも胸が痛むのです。

実は小寺さんは、とても心のやさしい親切な人でしたが、お酒が強く、のむと眠ってしまい、一日中眠って起しても起きないのです。お通夜に近所の人とお酒をのんで、朝方になって眠ってしまい、十一時になっても起きてくれないし、私は小寺家の居候で、どこの者だか知らない近所の人たちは、時間になってもだれもきてくださらないし、焼場の時間は午後一時になっているのに小寺さんはぐうぐう眠ったまま、奥さんはちいちゃんが熱がでたので焼場へ行けぬというし、しかたがないので近所の人にたのんで、人力車で小さな棺桶を私は一人で抱いて、桐ケ谷の墓地へ行きました。そしたら焼場の隠亡さんが、若い女が一人で赤ん坊の棺桶を持ってきたので、よっぽど身持ちの悪い女が、私生児のしまつに困ってどうかしたのかと思ったのでしょう。「なんだ一人か、時間もおくれているから焼き賃は二人分だせ」とおどかされ、しかたがないのであり金はたいて五円でかんべんしてもらい、小さな遺骨を抱いて帰りました。

その時の思いは、悲しいなぞといえるものではなく、涙もでず、ただ大地の底へ引きずりこまれるような、広い世界中に一人とり残された淋しさは、今思いだしても悲しみのきわみでございます。

その時からやけくそになったのですが、しかし産後の肥立も悪く、いつまでも小寺さんのお世話になっているのも心苦しく、十月はじめに、近くの小さな印刷屋さんの二階を借りて引っ越したのです。若い女の一人暮しなのに、家財道具は夜着ふとんだけで、遺骨のはいった大小二個の骨つぼを持って行ったら貸間もことわられると思い、ふとんのなかへかくして持って行きました。その後も、東京市内を転転と住居を変ったり仕事をさがしたりする時に、二つの遺骨を持って歩いたのですが、今考えると、どうしてお寺へあずけなかったのか自分でもわかりません。

やけくそ

この二階借り時代は、産後の肥立ちも悪いし、心配と悲しみのため毎日寝たり起きたりしていましたが、ある時、牛肉をたべて元気になりたいと思って買いに行った時に、星製薬でいっしょに働いていた野呂さんに会ったのです。夫の死、子どもの死んだことなど話したのですが、やさしい野呂さんはその晩から毎晩私を見舞ってくださり、なぐさめはげましてくれて、洗濯もしてくださったり、おかげで私は大助かりでした。今では星製薬を退社して森永へ行っていて、毎日何百何千とキャラメルを箱につめたり包んだりしているが私の口へははいりません、といっていました。野呂さんは長女で弟妹が多く、働いても働いても着物なぞはなかなか買ってもらえないといっていましたので、私は女給時代のはでなメリンスの着物を一枚あげました。本当にやさしいいい人で、長い戦争を生きぬいて元気でおられることを祈るばかりです。私より五つぐらい年下ですから、どこかで生きておられることを祈り、この本のなかから厚くお礼を申しあげます。

『女工哀史』は原稿は買いとりだったので、金は一年前に改造社からもらっていたのですが、死んだ時には一文なしでした。だから葬式の費用は改造社からお借りしました。出版前にもらったそのお金で、和喜蔵と私がめいせんの着物を一枚ずつと私の羽二重の花もようの帯を買いましたが、ほかにはなにも買わず、私が働いて細井とぜいたくもせず暮して一年でなくなったのですからたいした金額ではなかったのでしょう。いくらもらったのか今でも思いだせません。

和喜蔵と子どもが死んで、一人ぽっちの葬式をだして、印刷屋の二階へ引っ越した通算七十日間の生活費は、改造社はじめほうぼうからいただいたお見舞い金やカンパなぞで生活しておりましたが、だんだんお金もなくなり、体もよくならないので、死んでしまいたいと思いましたが、小寺さんや野呂さんや川田さんのご厚意を思うと、勝手に死んでは申しわけないし、困っている時でした。

十月の末に改造社から和喜蔵の二冊めの『工場』が出版されて、その印税が三百円ぐらいとおぼえています。そして十一月、十二月とつづいて二百円、三百円と受けとりました。それから『奴隷』『無限の鐘』とつぎつぎと改造社から和喜蔵の作品が出版されましたので、多い時には六百円ぐらい受けとりました。その当時の私は、お金をもらっ

ても ちっとも嬉しくないし、やけくそになっていたので、このお金でなにをしようとも考えないで、ただどうしたらこのお金が早くなくなるか、なんだかお金を持つことが、なんの意義もないように思えてなりませんでした。

お酒をのんでも、上等の料理をたべてもおいしくないし、絹の着物を、あいつらだけが着る物ではない、私だって着る権利があると三越へ注文して、上下ひとそろいと帯などを三百五十円で買って着てみて、やっぱり私は、木綿の絣か縞の着物を着て働くほうがよっぽどしあわせだと思い、二回だけ着て、近所の娘さんがお嫁に行く時あげてしまいました。思えば、せめてこの金が三カ月前にあったら細井父子の命は助かっていたのに、現代医学の恩恵も金次第なのかと考えると、金があるのがうらめしく、腹がたってならないので、やけくそで金を使ったのです。それでも小寺さんには一カ月の食費と室代という名目で三十円お払いしました。

高井信太郎⑬

そして十二月、あれはたしか十三日だったと思いますが、新聞に川崎市の富士紡績の争議のニュースがのっておりました。ブルジョアのまねにもあきあきしていた私は、働く人たちのたたかう姿だけでも見たく、なにか私にできることはないかと思い、さっそく川崎市へとんで行きました。工場の煙突からは煙がでず、工場のまわりをひとまわりしてみましたがシーンと静まりかえり、やっぱり本当にストライキやっている。私は胸おどらせ、自分もたたかう仲間にはいりたいなあと思い、歩きまわって争議団本部へ行きました。『女工哀史』の細井の未亡人だなどといわず、私も紡績女工だといって仲間にいれてもらい、夕食にはにぎりめしと梅干、塩サンマのおかずで、久しぶりに働く仲間大ぜいとにぎやかな夕食をいただいて、そのおいしかったこと。

次の朝は四時に起きて、五時ごろから正門前のピケラインの最前列にたちましたが、十二月の夜明けはおそく、うす暗いなかをぽつぽつ出勤してくるのは男の人ばかり、それも四十歳前後の、やせて青白い顔の人たちでしたが、一番正門に近い私のところまでくる人は少なく、みんな途中であきらめて説得されて帰り、よっぽど会社に忠義な役づき工さんたちが私の前を通ろうとしても、そうはさせじと私もがんばり、おっさんたちは、私のことをよそから応援にきた生意気な女工だと思い、なにもいわず会社の門内に逃げこむ人や、あきらめて帰る人もありました。子どもの時から弁護士とあだ名をもらっていた私は、意地でもここは通さないぞ、今日の私の任務は通せんぼだと、寒さも忘れて引きあげ指令がくるまで、三時間立ちつづけました。それからデモ行進しましたが、私は生れてはじめてのデモ行進でした。

翌日の新聞に、私がまっ先で行進したことがでました。その夜も争議団本部、といっても空き家の板の間にむしろをしいて、にぎやかに話しあい、次の日、私たち応援団はひとまず家に帰ったのですが、私は一人で行って、帰りはなん人かの友だち、男の人ばかり六人でした。いっしょに帰った青年たちは、五反田あたりの町工場の人たちや、労働運動をやって首切られた人たちでした。そのなかに高井信太郎もおりました。彼は三越の洋家具製造部で働いている時に組合をつくり、労働運動をやって首を切られた失業中の大工さんで、年は二十八歳。東京生れで十三歳から二十一歳まで横浜の親方の家に住みこみ、見習中は無給で、子守や使い走りをさせられたといっていました。二十八歳の江戸っ子大工さんは総同盟の労働学校で学び、弁説さわやか、体格もよく、なかなかの好男子でした。

高井は次の日も目黒の私をたずねてくれて、上野の鈴本亭(寄席)へ落語をききに行きましょうとさそってくれました。私は生れてはじめて落語をきいて、久しぶりに、ほんとうに久しぶりに、なにごとも忘れて笑いました。その時高井は、「あなたも若いんだ。いつまでも泣いていないで青春を楽しみなさい。僕でよかったらいつでもパートナーをつとめますよ」といい、二人で浅草へでて、すしをたべて帰りました。それからはちょいちょいあそびにきて、音楽会やチャップリンの映画も見せてくれました。高井は大井町で両親と妹さんといっしょに暮していて、一人息子で甘やかされて、失業者といってもあんまりみじめな生活ではなく、いつもきちんと背広を着ておりました。高井は二十八歳、私は二十三歳、五つちがいの兄さんでした。親切にされて、木石でない私は高井が好きになりました。

内縁の妻

その年も終り、大正十五(一九二六)年の四月はじめでした。「報知新聞」だったと思いますが、朝刊の三面に私の写真が大きく写っていましたので、読んでおどろきました。

「細井和喜蔵氏未亡人ご乱行」という見出しで、私が毎日ある男とあそび歩いて、金を湯水のように使っている、正気のさたではない、と書かれていました。今考えると、大新聞三社がいっせいに三面に大きくとりあげて書き、取材に一度もこないのに、どこで手に入れたのか写したのかわからない私の写真をのせたのは、だれのさし金でやられたのか、ふしぎなことでした。国内でも国際的にも大きな反響をよんだ『女工哀史』をほうむるための支配者たちの策動の一つだったのではないかと、今では思えるのです。

それから三日目に改造社の山本社長から、「実はあなたは細井君の本当の妻ではないから、今後印税はお渡しできない」といわれたのです。私が「細井の妻でなくてなんなのです」といったら、「内縁の妻には相続権がないのです」とけんもほろろの冷たい言葉に、法律なぞ考えたこともなかった私はなにもいえず、でも知らないですむ問題ではないので、その足で新橋四丁目にあった片山哲(14)さんの法律事務所へ相談に行きました。

片山先生もやっぱり改造社の山本さんと同じく、内縁の妻には相続権がないといわれましたので、それでは印税のお金はだれのところへ行くのかときいたら「政府です」といわれましたので、「私たちが、貧乏で苦しい生活を長年たえ忍んで書いた『哀史』と『工場』の印税が、今さらブルジョア政府にとりあげられるなんて、そんなばかなことは私はがまんできません。先生、なんとかなりませんか」とおたずねすると、「細井君の遺志を生かしてお金を有効に使うために細井和喜蔵遺志会をつくったら、ブルジョア政府にとりあげられずにすむでしょう」といわれましたので、次の日、藤森成吉先生のお宅へ行き、改造社の山本さん、片山弁護士のいわれたことを話しました。その時、行くさきざきで冷たくつきはなされた原因が、三日前の新聞の三面記事にあるとは思いましたが、あんまり深く考えませんでした。小学校も行かず、紡績工場の箱入娘であった私は、人の心をうたがったり、国の法律でそんなに女性が無権利とは知りませんでした。

それからが大変でした。四月は山本さんの言葉通り印税は一銭ももらえず、本は売れているのに私は無収入でしたが、のんき者の私は、金がなくなれば働けばよいと思っていたので心配しませんでした。高井にその話をしたらかれはびっくりして、「なんでそんなばかな話を僕にきかせてくれなかったんだ。紡績で深夜業したり、女給までして苦労したのはなんのためなんだ。細井君が死んだら当然本の権利はあなたにあるのだ。全部他人にまかせて、自分の生活はどうするのだ。日本は資本主義の国なのだ、働いても働いても貧乏するように政治も法律もできているんだ。だけど、そんなお人好しの君が僕は大好きなんだ。君のような人を一人でおいたらなにをしでかすかわからん。今はっきりいう。僕たちは結婚しよう。そして改造社にも藤森さんにも、二人で行って話をしよう」といってくれましたので、その日のうちに両方へ行ったのです。

山本さんは、相続権は国の法律だからという以上はなにもいわず、藤森先生と高井の話も平行線で、藤森先生は、「細井君が死んで一年もすぎんのに、君たちは結婚するなんてもってのほかだ」といわれて、若い高井はまっ赤になって怒り、「そんなのブルジョア思想だ、結婚は僕たちの自由だ」というので、印税の話が結婚の問題におよび、そこでもけんか別れになって、まとまった話はなかったのです。その時私は、たとえ藤森先生でも、赤の他人がなんで私に結婚してはいけないというのか不思議に思いましたが、自分のこれから先がどうなるか、そこまで考えおよばなかった自分の無知を恥じる次第でございます。

当時二十三歳だった私は、金がなくなったら働けばよい、夫も子どもも亡くなって、自分一人ぐらいなにをしても生きていけると思っていたのですが、それも女の浅知恵だったのです。

金も残り少なくなって働こうと思い、ほうぼうの会社へ行ってみましたが、「細井先生の奥さんか、そんな人使えばなにか会社の悪口を書かれると困る」と、どこへ行ってもことわられ、食うに困ってカフェーへ行ったら、「あんた、新聞にでていた作家の未亡人だろう、だめですよ」とことわられ、だんだん東京にいるのもいやになり、男性とのつきあいも恐ろしくなり、高井との結婚もあきらめて、東京を脱出しようと思いました。その時には十円札一枚だけしかありませんでした。

第一に困ったのは、夫と子どもの骨つぼ二つを持って歩くわけにはいかず、知ってるお寺もないので、申しわけないと思いながら、碑文谷にお住まいの重広さんにあずけに行きました。私の働き口が見つかったら必ず引きとりにきますといって、むりやりお願いしておいてきましたが、三カ月たっても半年すぎても私は落ちつく先がなく、のびのびになって申しわけなく思っているうちに、遺志会の名前で青山墓地にお墓をつくっていただいたのです。

『女工哀史』は原稿買い取りだったのですが、思いがけなくたくさん売れたので、改造社の山本社長のご厚意で、再版のたびに印税相当額が遺志会に渡されました。そのお金の一部がお墓の費用となったわけです。それが、いまの青山の解放運動無名戦士の墓なのです。

戦後三べん、藤森先生に墓前祭などでお会いしたときに、「どこへいくら使ったのか、おおざっぱでいいから聞かせてください」と遺志会の代表としての藤森先生にいったのですが、答がないままで亡くなられました。

改造社が戦後つぶれて岩波書店から『女工哀史』がでていますが、私が墓前祭などにも出席していて住所がわかっているのに、藤森先生からも遺志会からも、何の連絡もなく、出版されてからはじめて知ったわけです。私の墓前祭出席にも反対された藤森先生が、岩波書店には知らされなかったのだろうと思います。

こんな話をいまさら何でするのかというと、今の若い方にはわからないかも知れませんが、旧民法では戸主が許可しないと結婚届はだせません。定職もなく、左翼の売れない原稿を書いている細井との結婚などは、戸主である私の父には絶対ゆるしてもらえないし、また、私たちは思想が同じで愛情さえあればよいと思い、女工の実態を何とか世に訴えたいと、一つの目的に結ばれてともに努力していたので、内縁の妻などということは、気にもかけていなかったのです。

ところが、この内縁の妻であったために著作権を引きつぐ権利もなく、妻としてのあつかいもうけなかったのです。私は婦人がこんな無権利だったことも知らなかったわけで、婦人の権利とは他人まかせでは守れなかったことの見本ですから、恥をしのんで書いたのでございます。

『女工哀史』の未亡人

さて、重広氏にお骨をあずけたその次の日、高井にも告げず、逃げるように東京をでました。今までお世話になった目黒の印刷所の人に室料を払い、小さな柳ごうりに持ち物をいれて、しばらくあずかってください、ふとんは使ってください、といってでかけたのです。その時高井は、九州の炭鉱のストライキ応援に行っていました。いろいろお世話になり、好きでもあった人でしたが、私は世間も男性もなんだか恐ろしくなり、一人になりたくて、私の一番安まるところは紡績女工さんのなかなので、ともに働き、ともにたたかって生活の向上をはかりたい、どんなに好きな人でも自分以外の人はたよらないで、一人でがんばって再出発しよう、と決心したのです。体一つで、東京駅から一番列車でゴットン、ゴットン、どん行で大阪についたら夕方の七時でした。

あれは大正十五(一九二六)年の十月はじめだったと思います。乗り物に弱い私は、朝からのまず食わずで十二時間、大阪駅へついたのが夕闇せまるころでしたので、今夜寝るところをどうしようかと思いながら駅前へでてみました。今から五十年以上前の大阪駅前は、宿屋と口入れ屋がずらりと並んでいましたが、一文なしでは宿屋にも泊れず、思いきって口入れ屋へ行きました。「なにか仕事ありませんか」といいましたら、「なにいってんのや、若い女ごさんの仕事、なんぼでもおますで」といわれて、「私は紡績で働きたい、経験工です」というとおやじさんいわく、「あほかいな。あんな汚ない仕事、給料かて安いし、カフェーか料理屋へ行かんか。きれいなべべ着て、ようけもうかりまっせ」といわれましたが、「着物もないし、私はぶさいくですから、やっぱり紡績が性にあっています」というと、「さよか、ほなら紡績へ世話しますが、明日の朝早う連れて行きますさかい、まあ上がりなはれ」と親切にいってくれました。

あくる朝五時ごろ起きて、七時には出発でした。行き先は南海電車で吉見ノ里の佐野紡績だったと思います。とにかく身体検査も合格して採用がきまり、やれやれと思った時、口入れ屋の番頭さんが「よかったなあ、私も連れてきてことわられたら困るんや、昨夜のめし代もふとん代もここまでの電車賃もかかっとるんやで、働いた金のなかから月末にさし引かしてもらいまっせ。まあ、せいだして働きなはれ」といって帰りました。

それから寄宿舎へ案内され、夜になって二十人ほどの仲間の人びとに紹介された時は、ほんとうに嬉しかった。生き返った気持でした。

次の日から織機の前に立ち、一生けんめい働きましたが、とてもたのしく働きました。一カ月たって月末に食費と口入れ屋の借金を差し引くと、わずかでしたが久しぶりに自分で働いた給料で日用品を買ったり、日曜日には吉見の里の海岸へ見物に行き、ここへきてまるまる一カ月にもならないのに友だちもできました。あの時、海辺で漁師のおっさんにもらった魚は新鮮でおいしかった。はじめて会った人びとでも、働く者同士のあたたかさが嬉しかった。

それから一週間ほどして、突然労務係に呼びだされたので、身元調べでもされるのかと思っていくと首切りでした。「堀さん、今日限り当社をやめてください。お宅なんか生活に困るわけでもないのに」といわれてびっくり、青天のへきれきでした。「まじめに働いているのに、なんでやめさせられるのですか」というと、「奥さん、ごまかさんとおいてくださいよ。『女工哀史』をお書きになった細井先生の未亡人を当社で働かすことはできないのです。会社には会社同士のつきあいも申しあわせもあるのです」といわれて、「細井は死んでしまい、私は一人の女工として出直すつもりで毎日たのしく働いているので、やめるわけにはいきません。第一行くところも住いもない。私は死ぬよりほかに方法がないから首は切らないでください」といって、その日はものわかれでした。

次の日もまた同じ言葉のくり返し。「どうしてもやめんのなら、会社にも考えがある」といわれて、「私にも考えがある。方法もある。新聞社に手紙だして寄宿舎で首つり自殺する」といったので、さすがの労務係も困ったらしく、「どうすればやめてくれるのか」といいだしたので、「私は悪いことも失敗もしていないのでやめません。やめるくらいなら死んでしまいます。私は生れてはじめてこんな景色のいい、こんないい会社で毎日たのしく働いていました。私はこの会社が大好きです」といったら、「奥さんのお口にはまいりましたなあ、お金をだしますからやめてください」「お金なんかいりません。働かせてください」と毎日やりあって、とうとう七日目に、退職金三十円だすから、それでもだめなら実力で放りだすといって、私もとうとうあきらめて、次の日退職金三十円と、ほかに東京までの旅費六円五十銭の汽車賃をださせて、名残り惜しい吉見ノ里を追いだされました。

その夜は大阪駅前の安宿に泊り、次の日は京阪電車で上六から三つ目の駅で下車して、小さな町工場でしたが、とにかく就職できたのです。そこは森小路の町だったと思います。その当時は紡績業は景気がよくて、女工は一人でも多くほしかったらしく、小さな町工場では高い金をだして、募集人を使って、人集めもできなかったのでしょう。そのせいか、わりと自由に出入りができて、はじめから気安くのんびりムードでした。会社の名は忘れましたが、寄宿舎には二百人ほどの女工さんが生活しており、どういうわけか、はじめから私は若い人たちからお姉さん扱いされ、居心地もよかったと思います。

しかしそこも一カ月で首切られ、それからはどこへ行っても細井未亡人とわかり、首切られて、小さなふろしき包みを持って大阪の街をさまよい歩きました。やっぱり一流新聞にだされた私の写真と記事が、私の働く職場をうばったのだと思います。べつに口惜しいとも悲しいとも思いませんでした。やっぱり私は若い労働者で働く自信がありましたから。私は心のなかでは、今までに読んだ外国の小説の主人公たちの放浪生活もこんなだったんだろうと考えたり、わりあいのん気でした。都会の砂漠なぞという言葉はそのころありませんでした。渡る世間に鬼はなく、見しらぬ小父さん、小母さんたちに、今夜寝るところがなかったら泊っていきなさいといってもらったり、本当によき時代だったと思います。本当の人間は、働く人たちの心のなかで生きていたのです。

再婚

そんなある日の夕方、私は大阪の中之島公会堂の前を歩いておりました。ふと見ると、公会堂の窓から大きな白いたれ幕が下がり、「百万人のたましいの救済」と書いてあるので、ずいぶん大きなことをいう人だなと思いました。そこではじめて賀川豊彦(15)先生のお話をきいたのでしたが、あとになって、賀川先生と奥さまには親身もおよばぬお世話になったのです。今晩泊る家もないルンペンのくせに、のん気者の私はふらふらと会場へはいってしまいました。その時の賀川先生は四十歳ぐらいの働き盛りという感じで、元気なお声で長時間お話をなさいました。先生のお話が終った時は大拍手で、カンパを集めに帽子がまわされましたが、私はお金もなく、知らん顔をしていたら、隣の人が「どうぞお願いします。いくらでもよろしいから」といわれて困っていると、若い男の人が「むりにださんでもいいですよ」といって帽子を受けとりました。その声にききおぼえがあるように思って上をむいた時、「あっ君は」といって、互いに顔を見合わしたら、なんとその人は高井信太郎でした。

その時高井は血相変えて、「君、ちょっと外へでてくれ、話があるのだ」と私の手をにぎり、うむをいわさず外へ連れだしました。そして公園のベンチで、「よく生きていてくれたね、君がいなくなってからこの三カ月の間、名古屋から岐阜、京都、大阪とさがし歩いて、今はルンペンだよ。だまっていなくなるなんてひどいよ」といって、私の顔をながめるその目は涙でぬれていました。私は「東京ではどこへ行っても細井未亡人だからと首切られ、一人で餓死するのは口惜しいから、はじめからやり直そうと思って大阪へきたのです。あなたを巻きぞえにしたくなかったし、一人でがんばって生きていきたい。いいえ一人ではない、紡績女工さんのなかで生きたい。ブルジョアやインテリには私の気持や目的は理解されなくても、女工さんならわかってくれる。だから仲間といっしょに、深夜業をなくせ、肺病にならんようにうまい物食わせろ、といいたいのです」といいました。

そして「早く東京へ帰ってご両親を安心させてあげなさい」というと、「今さらそんなこといわれるのなら僕は死んでしまいたい」というので、「そんなめそめそした男はきらいです。死にたければ勝手に死になさい」と心を鬼にしていったのです。東京で心配しているご両親のことも思い、私なんかと結婚しても、この人は苦労するだろうと思ったのです。高井は「今まで通り友だちだといってくれ。そうしたら僕は労働運動を一生つづけて生きて行く。ときどきは会って話をききたい。少しは僕の話をきいてください」と、とうとうその夜は大阪の街を歩きながら夜を明かしました。

朝になって、高井は森小路の知りあいのところへ行こうといって、富永年夫さんに会ったのです。その人は高井と同じくらいの年ごろで、もの腰のやわらかい、おとなしそうな人でした。あとでわかったのですが、当時は水平社運動をなさっていて独身でした。高井が「この人をしばらくあずかってください」といって、それからは高井は西の宮北口の賀川先生のお宅に、私は森小路の富永さんのところにいました。

そして、年の瀬も押しつまった十二月三十日、富永さんも私もお金がないので家賃も払えず、ハンガーストだといって本を読んで寝ていました。そしたら昼すぎに家主の奥さんがきて、「どないしやはったん、ええ若い者が。家賃は待ってあげます。心配せんとおきなはれ、富永はん、嫁はんもらいはったら働かな、あかんで。嫁はんも若いのやから、のみ屋でも働きに行きはったらええのに。なんでだす、寝正月なんてしょうもない、しっかりしなはれ」と、小餅三十個くださいましたので助かりました。夜になって高井がたずねてきて、おみやげはみかんとお餅、三人でやっと正月を迎える気分になりました。

三日目の夕方、富永さんから、「高井君も堀さんも僕のいうことをきいてください。僕たちのような仕事をしている者は明日殺されるかもしれないのだし、家主の奥さんには堀さんと夫婦だと思われるし、まちがいが起きんうちに二人で早くでて行ってくれ。堀さんも強情いわずに、高井君の心持ちも考えてあげなさい。このままでは君たちは二人ともだめになる。今夜のうちに僕の目の前で結婚しなさい」といわれて、〔高井からは〕「これからは僕は本職のさし物大工で働くよ。明日、西宮の先生のお宅へ行こう。奥さんには話がしてあるから」と、二人の男性に説得されて、西宮の賀川先生のお宅へ行きました。

一カ月ほどは、私は先生のお宅のお手伝いさん。高井はテントを裏庭に立てて、机や椅子をつくっておりましたが、二月はじめに近所に空家が見つかり、そこを借りて二人で生活をはじめたのです。私たちの家は阪急電車の西宮北口駅の近くで、賀川先生、社会党の〔この時点での所属は労働農民党〕杉山元治郎[16]氏、三宅正一[17]氏、河上丈太郎[18]氏などはご近所でしたので、みなさんに大変お世話になりました。

昭和二(一九二七)年、長女が生れました。賀川先生から洋式のベッド、奥さまからは花もようのメリンスの着物をいただきました。私は細井の子どもを産んで死なせましたので、予定日より一カ月早く生れた愛子が、死ぬのとちがうかと心配しました。賀川先生が、「子どもは親の鏡です。親のいうようにはしないが、親のするようにする。かわいい子ですね」とおっしゃったので、高井が喜んで愛子とつけたのでした。奥さまは赤ん坊が便秘したら野菜スープや番茶のさめたのをのませなさい、あせもがでないように行水は毎日させなさい、と助言してくださって、親身もおよばぬお世話になりました。その先生もお亡くなりになり、奥さまは私より十歳ほど年上で、今もお元気ときいて、いつも愛子と西宮時代の話をするたびに、先生ご夫妻のご恩を忘れず感謝しております。杉山先生の奥さまにもいろいろお世話になりました。河上先生と奥さまにも愛子はかわいがっていただきました。

こうしてみなさまのおかげで、私たちの結婚生活はしあわせでした。が、高井は落ちついて家庭生活したのは一年足らずで、やっぱり労働運動をはじめて、総同盟〔日本労働総同盟〕尼崎支部長の藤岡文六[19]さんたちとともに、阪神間を中心にオルグ活動をはじめました。昭和四(一九二九)年には次女信子が生れました。

注

（1）豊田佐吉　一八六七―一九三〇。遠江《とおとうみ》（現在の静岡県）生まれ。発明家、実業家。豊田式自動織機などを発明し、国内はもとより諸外国でも複数の特許を取得。豊田自動織機製作所を創設。トヨタグループの創始者。

（2）徳冨蘆花　一八六八―一九二七。肥後（現在の熊本県）生まれ。小説家。徳富蘇峰の弟。同志社大学中退。『不如帰《ほととぎす》』『思出の記』『自然と人生』など。

（3）吉野作造　一八七八―一九三三。宮城県生まれ。政治学者、思想家。大正初年に民本主義を主唱し、大正デモクラシーに理論的根拠を与える文筆活動を展開した。「明治文化全集」を編集。

（4）細井和喜蔵　一八九七―一九二五。京都府生まれ。『女工哀史』の著者として知られる文筆家。詳細は本書本文および解説参照。

（5）山本忠平　一九〇二―一九三二。栃木県生まれ。陀田勘助の名でアナーキズム詩人として活躍するが、のちに労働運動に専念。一九二八年共産党に入党し、東京地方委員長となるが、検挙され獄死。一九六三年に『陀田勘助詩集』が刊行される。

(6)星一　一八七三―一九五一。福島県生まれ。実業家、政治家。SF作家星新一の実父で、星製薬の創業者であり、星薬科大学の創設者。モルヒネの国産化に成功。

(7)田谷力三　一八九九―一九八八。東京生まれ。大正昭和期のオペラ歌手。正統派のテノール歌手としてのみならず、浅草オペラにも主演し、多くの人に愛された。

(8)アインシュタイン　一八七九―一九五五。ユダヤ系ドイツ人。理論物理学者。光量子説・ブラウン運動の理論・特殊相対性理論・一般相対性理論などの主唱者。一九二一年、ノーベル物理学賞受賞。一九三三年、ナチスに追放され渡米、プリンストン高等研究所員となり、四〇年アメリカ市民権を取得。核の軍事利用をいち早く警告し、戦後は平和運動、世界連邦運動にも尽力した。

(9)山本〔実彦〕　一八八五―一九五二。鹿児島県生まれ。出版人、政治家。新聞記者、東京毎日新聞社長を経て、一九一九年改造社を起こし雑誌「改造」を創刊。円本ブームのさきがけとなった「現代日本文学全集」を刊行した。一九三〇年、衆議院議員に当選。

(10)藤森成吉　一八九二―一九七七。長野県生まれ。作家、劇作家。社会主義に傾倒し、「文芸戦線」同人となり、ナップ(全日本無産者芸術連盟)を結成、初代委員長に。戦後は「新日本文学」発起人。共産党に入党。戯曲『何が彼女をさうさせたか』、小説『悲しき愛』など。国民救援会会長もつとめた。

(11) 安部磯雄　一八六五―一九四九。筑前(現在の福岡県)生まれ。社会運動家、政治家。同志社大学卒。アメリカ留学後キリスト教的人道主義の立場から社会主義運動を展開した。同志社、早稲田大学教授をつとめた。社会民主党、社会民衆党、社会大衆党に参加し代議士もつとめた。日本における野球の普及にも貢献した。

(12) 山本宣治　一八八九―一九二九。京都府生まれ。生物学者、社会運動家。産児制限運動から無産運動に入り、一九二八年最初の普通選挙に労働農民党から立候補し当選。治安維持法の改悪に反対したことにより右翼によって刺殺された。

(13) 高井信太郎　一八九七―一九四六。東京生まれ。大工見習いののち、三越洋家具製造部で働いているときに労働運動へ。和喜蔵と死別した直後の著者と出会い、二番目の夫となる。総同盟の活動家。

(14) 片山哲　一八八七―一九七八。和歌山県生まれ。政治家。一九一九年東大キリスト教青年会館で法律相談所を開設。安部磯雄に私淑し、弁護士として社会運動に参加。戦後、日本社会党委員長をつとめる。一九四七―四八年、連立内閣の首相。一九六〇年以降民主社会党に参加し、憲法擁護運動に専心した。

(15) 賀川豊彦　一八八八―一九六〇。神戸生まれ。キリスト教社会運動家。神戸貧民街での伝道をはじめ、終生清貧な暮らしをしながら、労働運動、農民運動、協同組合運動、平和運動に先駆的な役割を果たした。国際的にも高い知名度がある。小説『死線を越えて』。

(16) 杉山元治郎　一八八五—一九六四。大阪府生まれ。政治家、農民運動家、牧師。賀川豊彦の影響のもとに一九二二年、日本農民組合を創立。戦後、社会党顧問となり、一九五五—五八年、衆議院副議長をつとめた。

(17) 三宅正一　一九〇〇—一九八二。岐阜県生まれ。農民運動家、政治家。戦後、社会党の結成に参加し、副委員長などをつとめた。一九七六—七九年、衆議院副議長。

(18) 河上丈太郎　一八八九—一九六五。東京生まれ。政治家。関西学院大学教授時代に賀川豊彦と出会い、労働学校の講師をつとめるようになったことから社会主義運動の実践に傾倒していった。戦後、右派社会党委員長、日本社会党委員長を歴任。

(19) 藤岡文六　一八九二—一九五六。長崎県生まれ。労働運動家。炭鉱労働を経て労働運動に参加。日本労農党の結成を計画し、のち日本労働組合同盟結成(組合同盟)の中心人物となる。満州事変後は、国家社会主義に転じ、日本国家社会党中央執行委員、組合同盟中央執行委員などを歴任した。

Ⅱ　ヤミ屋日記

一粒のあめ

昭和七(一九三二)年、私が三十歳の春二月、長男が生れて、夫も喜んで名前は正信とつけ、珍しく家で子どもたちの世話をしていました。一週間目にお赤飯を炊いて、お七夜の祝をしているところへ尼崎警察の特高が二人きて、「たいしたことではない、じきに帰ってもらうから」といって、高井は特高刑事に連れられて行きましたが、それから三カ月のブタ箱入りでした。三日たっても七日すぎても帰ってこないので、尼崎の警察へ三人の幼児を連れて行ったのは、長男が生れて三十日目でした。総同盟尼崎支部長の藤岡さんにお会いして事情をききましたら、尼崎市内の武川ゴム工場でストライキがあり、資本家のあまりにも勝手ないい分に腹をたてた労働者が、大物の駅で社長に硫酸をぶっかけてやけどをさせたので、高井がせん動したと思われてつかまったということでした。

警察へ行くと、「ああ高井君の妻君か。残念やなあ、高井君は今尼崎にはおらんよ」というので、「どこにいるのです。この通り、生れて一カ月で首も座らん赤ん坊まで連れてきたのです。この子が生れる前後十日間は家から一歩もでていないのに、ひどいじゃありませんか。三人の幼児を抱えて私も働けないので、生活にも困る。大切な子どもたちの父親を早く帰してください」というと、「そんなことといっても、ここにいない者はどうにもならん、西宮だ」というので、赤ん坊をおんぶして長女と次女の手を引いて、阪神電車で西宮警察へ行きました。するとそこにもいなくて芦屋署へ。ようやく会えたのに、ひげボーボーの父親の姿に、「こわい」と次女の信子と赤ん坊も泣くので、私もほとほと疲れてしまいました。なんと説明しても特高の野郎どもには相手にされず、家へ帰ったのは夜になっていて、信子は足が痛いと泣くし、母子とも腹はへっているし、あんな口惜しいことはありませんでした。

あくる日、差入れの肌着や、風邪を引いていたので薬やら持って行ったら、「またきたか、そんなに大事な婿さんなら労働運動なぞさせず、大事にしまっておきなさい。ここは病院や宿屋とちがう。着替えや薬、ぜいたくいうな、早く帰れ」とけんもほろろ。頭にきたので、「お前ら、それでも人間か、別に犯人ときまったわけでもないのに犯人あつかい。おぼえとれ、この子らが大きくなったら日本の政治を変えて、お前らの首をちょん切ってやる」「恐ろしいな、鬼の女房に鬼人か。子ども連れでなかったらお前もブタ箱へいれたるが、子どもは苦手だ」とその日もけんか別れ。それから神戸の河上さんの事務所へ行き、事情をお話して帰りました。それから七日目に、河上先生のお骨折りでやっと夫は帰りました。河上さんは後に社会党の委員長になられたお方で、その後もずいぶんお世話になりましたが、今では先生も奥さまもこの世においでになりません。

当時は私も若かったので、内職に毛糸あみ物をしたり、農繁期にはお百姓さんのお手伝いに行ったりして子どもを育てました。昭和九(一九三四)年、やっと長女が小学校へ上がり、やがて次女も入学。そのころ日本は戦争体制になり、生活はますます苦しく、十一(一九三六)年の二・二六事件(陸軍のクーデター)の時なんか、なんの関係もないのに特高のお迎えで、朝六時ごろにきて、例によって「ちょっときてんか」と、二月の朝はまだうす暗く寒いのに、したくをする間もなくせきたてて、朝食もたべずに夫は西宮署へ連れて行かれて、まるまる一カ月帰ってこなかったのです。私が面会に行った時、面会はできなかったけど、〔夫は〕着て行ったオーバーをだして、子どもたちになにかたべさせてやれと渡してくれました。帰り道、質屋へ行って五円借りて帰りましたが、米屋に借りがありましたので、支払うと残り少なく、なにを買ったかおぼえていません。

話があとさきになりましたが、昭和三(一九二八)年三月十五日の共産党の大弾圧の時も、大阪の曽根崎署へ連れて行かれて三カ月のブタ箱入り。たび重なる留置生活で体が弱くなり、この二・二六の時は顔がむくんで、とても苦しそうでした。私たちは夫の父のオーバーをたべたり、私の残り少ない着物を入質したりして、命をつないでいたのです。

それでも長女は大阪の西淀川の私立の女学校へ、次女も同じ学校へ入学しましたが、家が貧乏で、とても不自由させてかわいそうでした。その上次女は、三年生の夏から学徒動員で尼崎市園田の陸軍衛生材料倉庫へ働きに行きました。阪神間がつぎつぎとアメリカ空軍に爆撃され、電車がとまって歩いて帰った時もありました。当時私たちは、西宮市今津久寿川町に住んでいました。そして戦争はますます拡大して物資も不足し、主食の配給もとぎれがちになり、子どもたちにも「ほしがりません勝つまでは」などといわせて、ひもじさをごまかすようにしむけたのです。日本国中不幸でした。

昭和十七(一九四二)年には、次男の小学校三年の利之が盲腸炎で亡くなりました。あれは六月末でしたが、近所の外科医院で手術をしましたが、結果は悪く腹膜炎になり、苦しみながら死んだのです。死ぬ三日前に黒あめがたべたいというので西宮中を探したけれど、一粒のあめ玉もなかったのです。そして死んだ日の朝、のり巻がたべたいというので、大事に残してあった浅草のりが三枚あったので、カツオの粉をいれて三本の巻ずしをつくってやると、「おいしい、おいしい」と四切れだけたべて、「残りは完治(三男)と美世子(三女)と、二人の姉ちゃんにあげるよ。僕だけたべたら悪いよ。それからお母さん、僕は今までよく口返答をしたりしてごめんね。今度よくなったらどこへでもお使いに行きます。完治もかわいがってあそんでやるよ」といって、私の顔をじっと見上げた目がとても美しかった。今この文を書きながら、一粒のあめ玉も最後にたべさせてやれなかったあの当時を思い、涙でペンは前へすすみません。

その日の夕方六時二十分に死亡しました。ほんとうに戦争さえなかったら、今ごろは四十四歳の男盛り。頭もよかったし、体も大きくりりしかった利之。二度と戦争をしないことが、利之よりもっと不幸な殺され方をした人たちに対して、生き残った者のつぐないだと思います。その時利之は九歳でした。

長男の正信は昭和八(一九三三)年七月、西宮市の勝呂病院で亡くなりました。病名は腸炎だといわれました。その夏、西宮市内で赤ちゃんの腸炎が流行して、かなり大ぜい死亡したのですが、今また次男を亡くして、私は自分も死んでしまいたくなりましたが、生き残った子どもたちを思い、ようやく葬式をだしたのでした。

地獄図

昭和二十(一九四五)年八月六日、夜中の〇時でした。空襲警報が鳴り、疲れて寝ている子どもたちをたたき起こした時には、B29の爆音がひびいていて、焼夷弾が花火のように町中に降ってきました。まっ先に私が勝子(四女)をおんぶし、完治の手をひいて、頭から夏ぶとんをかぶって、燃える家並の街を火の海からの脱出でした。あとできくと、その次に次女信子が、お米や救急用品を入れた袋を持って一人で逃げ、最後に夫と長女愛子が衣類入りのトランクを持って逃げたそうです。町はずれの広い草原へ行くと、焼きたてられ、命からがら逃げてきた人たちでいっぱいで、歩くのがやっとでした。

それでここは危ないと思い、広場を通りぬけて海の近くまで行ったのですが、そこも危険でまた引き返して、広場のまん中に偶然に野井戸が一つあったので、三人で井戸のなかへはいりました。その時、通りかかった若い男の人が私たちを見つけ、「奥さん、このカバンで井戸のふたをしてあげましょう。とても持って逃げられそうもないので」といって、大きなスーツケースで井戸のふたをしてくださいました。そしてなん時間すぎたかわからなかったけれど、あたりが急に静かになり、飛行機の音もしなくなったので、井戸からはいでてあたりを見ると、みなさんごろごろと寝ていて、不思議にシーンと静まり返っているので、よく見るとみんな死んでいるのでした。広場にロケット爆弾が三発落ちて、地上にいた人は爆風で殺されてしまったのでした。

まっ先に私の目にはいったのは、四歳ぐらいの男の子が母におんぶしていましたが、その頭はまっ二つに割れて、脳みそが母親の肩にとびちり、くさったとうふのようでした。母親はまだ生きていましたが、爆弾の破片が肩につきささっていました。私はすぐに子どもを抱きあげましたが、その子どものすさまじい顔、とびだした目玉が両頬にたれ下がり、ま二つに割れた頭はうつろのからでした。かわいそうを通り越して鬼気せまるばかり。私は思わずその子を手から落してしまいました。一枚だけのふとんをその子にかぶせて、母親に「お子さんを見てはいけない」と、持ちあわせた手ぬぐいでほうたいをしているところへ兵隊がタンカを持ってきたので、「この人、けがをしています。

早く助けてあげて」というと、すぐにタンカに乗せてくれましたが、その時、ふとんをかぶせてあったので見えないけれど、子どもの死体をじっと見かえしながら運ばれて行った母親の姿。

首のない人や、手足がバラバラになった人、草のなかにスイカのようにころがっている人間の頭。それは恐ろしいのを通り越して、吐き気をもよおすばかりでした。

だんだん夜が明けてきたので、恐ろしい現場からでようと、避難場所ときめられていた今津国民学校へ行くつもりで、魚河岸のまぐろのようにごろごろとならんでいる死体をふまないように、そっと息子の手を引いて広場の出口へ行くと、ご近所の歯医者さん一家が、荷物にもたれてお行儀よく座っていらっしゃるのでした。私は、お医者さまともなればやっぱり私たちとちがい、落着いてお行儀よくこんな時でも座っていらっしゃるのかと思いましたが、どうもおかしいので、「先生、奥さん、学校へ行きましょうか。ここはあまりにも無惨すぎます」といっても返事もなく、「奥さん、赤ちゃんが泣いていますよ」と肩に手をかけると、おどろきました。冷たくなっておられるので、「先生、坊ちゃん、お嬢さん」と一人ひとりに声をかけ、さわってみると全員死亡しておられ、赤ちゃんだけが奥さんの胸に抱かれて泣いているので、私は思わずへなへなと座ってしまいました。

そこへ、二番目のお嬢さんがふらふらとどこからかでてこられ、「高井さんの小母さん、私どうしよう。父も母も姉も妹も弟も、みんな死んでしまって、赤ちゃんと私だけ助かった。どうしよう、どうしよう」と泣き伏す姿は人ごとでなく、私の全身の血は音をたてて逆流するようでした。それでも私は泣きながら赤ちゃんにおっぱいをのませてあげましたが、かわいそうに赤ちゃんはおしりにけがをして血がでていました。生後七十日目の男の子でしたが、いま、どうしていられるでしょう。お姉さんの方はうちの次女と同じ年でした。

そんななかでも私の子どもは二人とも泣きもせず、八歳の完治は、私が命を守るのがせいいっぱいで貴重品袋を忘れていましたのに、息子はしっかりと貴重品袋を持っていてくれて、「お母ちゃん、これ」といって渡してくれたのです。保険、貯金、現金が入れてあったので、罹災してからわが家の半年分の生活が、八歳の息子に守られていたのです。

広場の出口へ行くと次女が袋を持って立っていました。信子もやはりこの広場に逃げこみ、お医者さん一家に「信ちゃんここにいらっしゃい」と声をかけられたけれど、爆弾が落ちると危ないと思って、もう一つあった野井戸を探してはいっていて助かったとのことでした。親子とも用心深く同じことを考えたおかげで、わずかの生き残りの中にはいったのでした。

新川の流れにそって歩いて行くと、橋のそばに夫と長女がいました。夫と長女は一番最後に逃げたので、いっしょに逃げた人たちは煙にまかれて倒れたけれど、家には防毒マスクが二つあったのでそれをかぶり、街角にある防火用水の水をあびながら、やっと火の海からぬけだすことができたのですが、夫は手に、長女は足にやけどをしていました。

家族の無事を喜びあいながら家の方へ行くと、わが家は跡形もなく焼け、すぐ近くのアカシヤの大きな木が焼けこげて残っていたのです。

避難場所の今津国民学校へ行くと、父母や子ども、年寄りがばらばらになって、泣いている人や、死体を見つけて、どこからか荷車を借りてきて死人を乗せてくる人でごたごたしていました。なかでも男の人が妻子五人の焼死体を荷車に乗せてきて、「僕が防空当番ででていて帰ったらこの通り。家内はお産をして七日目だった。なんの罪でこんな目にあうのか」といって泣いているので、私はたち上がって見に行きましたが、恐ろしいものです。その死体は親子六人が、だれがだれだかわからず、ひとかたまりの炭になり、一枚のござに乗っているのでした。昨夜からのショックにほとんどの人びとは、ただぼうぜんとして、空腹も忘れたようにうつろな顔ですわりこんでいるばかりでした。

腹いっぱいたべさせたい

翌々日の八月八日の朝、長女は代用教員としてつとめていた西宮市用海国民学校へでかけました。焼跡で焼けトタンを集めてきて、野宿をはじめていましたが、夫がやけどをして動けないので、次女は「いつまでも野宿をしていてはお父さんのからだもよくならないし、小さな弟や妹がかわいそうだから、家を探してくる」といって、少しばかりのお金を持って、女学校の親友をたよってでかけました。

その日のうちに、尼崎市の北の阪急電車の塚口駅の住宅街のはずれの方に、疎開であいていた家を親友と二人で探しだして、契約もすませてきたと帰ってきました。

しかし「広島に殺人光線が降ったそうな」のうわさにおびえ、あちこちの空襲のニュースに、まだ焼跡の方が安全ではないかと思って、さいわい夏なので、野宿をつづけていました。

八月十五日敗戦の日、天皇の放送をきき、「もう大丈夫だから、信ちゃんが借りてくれた家へ早く行こう」と、やっと歩けるお父さんと子どもたちを連れてでかけました。塚口の家に着いたのは夕方でした。家のまわりのもくせいの生垣の青さと静かなことに、なにもかも焼けた西宮の焦土にくらべて、生きかえったような気持でした。

その夜は久しぶりに畳の上にごろ寝しましたが、やがて人間の匂いをかいで蚊がでてきて、とても寝てなんかいられなくなり、裏庭でよもぎをとって即席の蚊やりをたき、二人のお姉ちゃんと私とで交替で幼い子どもを守り、夜を明かしました。

翌日には、ご近所からお皿や茶碗やおふとんまでいただき、やっと人心地がつきました。炊く物もたきぎもなにもなく、ほとほと困りぬきましたが、むかいの藤田さんの奥さんがトウモロコシの干したのを一升わけてくださり、大助かりでした。さっそく炊いてやりましたが、なかなかやわらかくならんので、裏庭に前住者が植えていた青い小さなカボチャの実をとってきて、塩汁をつくってたべました。わが家の一人息子はおいしいといって喜び、「お母ちゃん、なんきんておいしいものね。また炊いてね」といいました。その時は思わず口惜し涙がこみあげてきて、物もいえませんでした。なんの罪もない子どものたべ物までとりあげて戦争した日本の軍国主義と資本家どもが憎くて、歯ぎしりしました。息子は私の恐ろしい顔を見て、「お母さん、ごめんなさい。僕もういやしいことはいいません」といったので、私はいっぺんに泣きだして、かわいそうな息子を抱きしめました。

思えばわが家の子どもはそれぞれにやさしく、思いやりと根性のある子で、おかげで私は、どんな困難な時でも勇気を持って生きてこられたのです。この子たちは長い戦争の間たべる物に不自由して、おもちゃ一つも買ってもらえず、それでも生きぬいたのだ。これからは腹いっぱいたべさせてやりたい。そのためにはなんでも、どんな仕事でもしよう。仕事もなく、お金もなくなったら、焼け残った金持の家からなんとしてもとり返してやろうと、そんな恐ろしいことまで考えました。

三女の美世子は今津国民学校の四年生で、学童疎開で岡山県の山村へ行っていましたが、岡山へ行ってから半年の間に一度も面会にも行けず、手紙をだしても途中で紛失して届かず、小さいのにどんなに淋しい思いをさせたことかと、今思いだしてもすまなかったと思います。当時はたべ物もなく、毎日私は朝暗いうちから勝子を背負い、今津の海辺から甲子園球場の前を歩きまわり、たべられそうな草や、たき木になりそうな木切れなぞを拾ってきたり、町内の防空訓練などで目のまわるいそがしさでした。その上夫が病気でしたのに、薬もたべ物もなくて、毎日が生き地獄の生活でしたので、ついつい面会にも行けませんでした。

母子六人だけの葬式

夫が寝たきりのところへ、たべ物とひきかえる物は焼けてしまってなにもないし、わずかばかりの貯金は、戦後のインフレのなかでみるみる少なくなって、十二月の末にはほとんどなくなってしまいました。このままでは餓死するからと、二十一(一九四六)年正月五日の朝、昔、夫が労働運動をしていたころの西宮の同志の家へ相談に行ったら、とりあえず「ヤミのおまんじゅうを売りなさい」と、品物をわたしてくれたので持って帰り、次女が塚口の駅前のヤミ市へ、はじめて売りにでかけました。

そのあとで、夫は突然大いびきをかいて、寝たきりのままで、午後二時ごろ息を引きとりました。信子が「おまんじゅうが全部売れたよ」と喜んでかけこんできた時には、夫は死んでいて、次女だけは父親の死に目にはあえませんでした。夫は空襲の時のやけどで五カ月間寝たきりで、やけどははじめ右手の甲だけでしたが、食糧も悪く、薬もなくてだんだんひどくなり、皮膚は破れ、肉はくさり、全身へ毒がまわり、水ぶくれのようになって、一生の終りでした。

死亡する前の日に、私がヤミ市で買ってきた大福餅二つを、子どもにかくしてふとんのなかへいれてあげたら、とても喜んでたべてくれました。「苦労させるね。僕は今まで家のためにはなにもできないだめおやじだったが、戦争も終ったし、こんどよくなったら働いて、あんたに楽をさせるよ」というので、「大福餅二つで買収されたらだめよ。あんたはやっぱり今まで通りのあんたの道を行きなさい。見ていてください。私がうんと働いて、子どもたちを立派な日本人に育てます」といいました。久しぶりに新婚時代のようなやさしい思いやりが、二人の間にただよいました。夫は「子どもたちは、ほんとうにやさしいたのもしい子だ。あの子たちを残して死にたくない」といって、ふとんをかぶって泣いていました。「なにいってるのよ、死んだら負けよ。生きるのよ。生きぬきましょう」といったのですが、次の日の午後二時に息を引きとりました。享年四十九歳でした。

よくよく私は夫運がない貧乏性で、細井が死んだ時には全財産三十六銭でしたが、今度も葬式の費用がないので、死に顔にタオルをかけて金策にでかけました。たよるところは二十年住みなれた西宮の友人たちでした。正月五日の冷たい風の吹くなかを、あわせの着物一枚で羽織もなく、マフラーも手袋もなく、それでも夢中ですから寒くも思わず、知りあいの家をあっちこっちたずねて、ようやく五百円と、サツマイモ一貫目を持って帰ったのは夕方でした。子どもたちも淋しそうにひとかたまりになって母の帰りを待っていましたが、当時二歳五カ月の末っ子の勝子は、家の前の道路で私の帰りを待ちながら、小さな口で歌をうたっていました。その歌は敗戦国日本人を代表するような、なんともきくにたえない歌でした。

「ナンバ粉たべて　フラフラ　フラのフララフラ」とうたいながら歩いて、行ったりきたりしていたのでした。私の顔を見ると、「母ちゃん、なにかちょうだい、あたち、フラフラ、ナンバ粉フララフラ」というのでした。まったく、泣くにも泣けんできごとでした。その夜、お通夜にきてくださった近所の人びとに、長女の愛子はお茶菓子にサツマイモをふかしてだしておりましたが、当時二十歳の愛子は、さだめし恥しく、口惜しく思っただろうと、今でも私はすまなかったと思います。

塚口町は尼崎市といっても北のはずれで、さびれておりました。葬式屋も一軒きりで、焼場は畑の横の細い道ばたにありました。電気やガスはなく、たきぎで死人を焼くので時間もかかるし、終戦当時はそのたきぎもないから、「燃やすものを持ってこないと焼けない」といわれてまた一苦労、二百円だして木を集めてもらって、ようやく焼きました。高井もよくよく不幸な人だったと、思いだすたびに悲しくなります。引っ越してきて間もなく、知人といえば西宮からの細井さんと金村さんの二人だけ。私たち母子六人だけの葬式でしたが、私は勝子をおんぶして泣く涙も干上がってしまい、他人が見たらさぞ気の強い女と思われたでしょう。

岡山に学童疎開していた三女の美世子は、信太郎が死んだ前年の十一月二十二日に岡山から帰り、弟の完治と二人で、二度も電車を乗りかえて行く西宮の今津国民学校へ通学しはじめていたのですが、尼崎市の学校へ転校させようと思って市役所へ行くと、尼崎は戦災都市だからよそからの転入は許さないとことわられ、翌年の三月まで泣く泣く元の学校へ通わせました。いつまでもこんな状態をつづけるのはかわいそうなので、私は一大決心をして、子ども三人を連れて尼崎市役所へ行き、「西宮の被災証明書をだして尼崎市の市民にしてください。でないと二人の子どもが不就学児になります」とたのみましたが、なんといわれてもあかん、とことわられたので、私は大きらいな警察へ行きました。

そして尼崎市役所の話をして、「正月には夫が死亡するし生活は苦しい。子どもたちに義務教育だけは受けさせたいのに、だめなら親子心中をして、夫のあとを追うよりしかたありません。署長さんから市長さんにたのんでください」といいながら、私は口惜し涙がでてきました。子どもたちを、なんでこんな不自由な目にあわすのかと思って泣いてしまいました。めったに泣かない私が泣いたので、三人の子どもがいっしょに泣きだしました。それで警察署長はびっくりして、「まあまあ待ちなさい。私も女の涙と子どもには弱いので、市長にたのんであげるで、泣くのはやめなさい」と、すぐに電話で市長にたのんでくれましたら、すぐ転入手つづきをしなさいということになり、ようやく尼崎の学校へ通えるようになったのです。

ヤミ屋の姉《あね》さん

信太郎が死んでからは、本格的にヤミ商人になりました。私が朝五時ごろ起きて、おまんじゅうやアメを仕入れに行き、次女がヤミ市で売ってくれました。昼間は、西宮の屠殺場でわけてもらった牛の内臓をバケツに入れ、住宅の奥さま方に売り歩いたら、蛋白質がない時なので喜ばれました。バケツ二はいのホルモンを買って、寒風の吹くなかを歩いて帰るのは重いし、遠いので、いやだったけど、そんなことはいってられないので、三月までホルモン屋の小母さんでした。

一番かわいそうなのは末っ子の勝子でした。生れて二年六カ月でしたが、私が朝五時ごろ起きて買いだしに行き、夕方早くても六時まで帰らないし、姉も兄も学校へ行くので昼間は一人ぽっち。国民学校二年の完治が昼すぎに帰ってあそんでくれましたが、二人ともさぞお腹がすいて淋しかったでしょう。それでも私は、親子六人が生きるために心を鬼にして毎朝でかけました。

二十一(一九四六)年三月かぎりで長女愛子は国民学校の代用教員をやめ、子どもたちの面倒を見てくれ、家事いっさいを引き受けてくれたので、私は安心して商売ができるようになりました。新聞で、神戸で労働学校がはじまると読んだので、次女に、「夜だから通えるでしょう」とすすめ、三月から、商売を終ってから信子は労働学校へ通いだしました。八月卒業と同時に、労働運動がやりたいからと三菱電機へ入社したので、それからは仕入れも売り方も、全部私がやることになりました。蛙の子は蛙で、それが嬉しくて、忙しくなったけれどはりあいがいっそうふえてがんばりました。

アメやまんじゅうなどだけでは競争がはげしくなってもうからなくなり、毎朝タバコの立売りをはじめましたらよく売れて、町の人は私のことをたばこ屋の小母さんといってまとめ買いをしてくれたので、身体も少しひまになりました。

そして二十三(一九四八)年の夏ごろだったと思いますが、阪急電車の伊丹線沿いに二十人ぐらいが店をだして、小さなヤミ市ができていました。大阪や神戸とちがい、ヤミ市といってもたかがしれた露店で、ほそぼそと生きている戦争犠牲者の集まりなのに、地まわりの兄ちゃんたちから毎日場代といっては五十円ずつとられ、祭だといっては大口カンパをとられ、みんな困っていたのです。第一そこはただの道路で、だれの持ち物でもないのに、毎日金をとられることに腹をたてながらも、トラブルを起すと商売がやりにくいので、みんながまんしていたのです。

それで私が発起人で相談して、地元のボスをとりしまらないで、私たちのような弱い者ばかりとりしまる警察やボスどもとたたかうことにしました。「明日、警察がきたら一人も逃げないでつかまるようにする。警察へ行ったら、すみませんすみませんと平あやまりをして、生活の苦しいこと、家を焼かれたこと、息子が戦死、夫がまだ兵隊に行ったきり帰らへんことなぞ、困ることばかりうるさくいうこと、毎日場代をとりにくるが、あそこはだれの土地で、なんの権利があの人にあるのか、警察は地主でもないのに毎日場代をとりにくる人をなぜほうっておくのか、私たちのような生活に困っている戦争犠牲者をいじめる人になんとかいってください、でないとサギで告訴します」。だいたいこんなふうにうちあわせたのです。

翌日、警察も片手落ちなことばかりで、訴えられたら困ると思ったのでしょう。ヤミ市をうろつき、酒をのみ、商人をいじめていたやくざふうの若い人を五、六人連れてきて、私たちの目の前で調べてくれました。その時に、えらそうにいった兄ちゃんの一人が警察になぐられたけれど、さすがの地まわりも警官にはなにもできなくて、見ていた私たちの仲間は胸がすうとしたといっていました。それからは、たばこと酒と米以外はあまり警察もやかましくとりしまらなくなりました。一番困ったのは私で、たばこ以外はなにも売るものなし。でも近くの商店街の人や住宅地の人たちがかばってくださり、大口のお得意がふえて、まとめて配達してまわりましたので、めったにつかまるようなこともありませんでした。

そんなある日、街の親分衆から私に、ちょっとくるようにといってきましたので、「どうせこの間のお礼をされるだろう」と思ったけれど、弱いとわかると足元を見られると思い、朝の商いをすませてから一人で行ったのです。私が「ごめんください」というと、裸に〆込み一本の若い衆がでてきたので、「親分がお招きくださったのできました」というと、「ちょっと待っとれ」と奥へ引っこみ、すぐにでてきて「上がれ」とひとことだけ。私が上がると、親分の部屋まで案内しました。

「一人できたのか、いい度胸だ。まあ座れや」といいました。「今日はなんのご用でしょうか」というと、「お前さんは女にはもったいないいい度胸だ。これから仲よくしようよ。うちの若い者もあんまりいじめんとな。こっちもなにかあれば役に立ちたいと思っているよ」。そこで私も、「さすが親分、よくいってくださいました。私の方も魚心あれば水心ぐらい知っていますよ。お兄さんたちが弱い商人を守ってくださるなら、私の方も考えましょ。どうせ若い人はお小づかいがほしいのでしょ」。後はいわぬが花ということで、「さいなら」。

それからが面白かったり困ったりで、秋祭りの日の朝、旅の商売人が大きなリュックを持ってきました。その人は私の前へきて、「塚口の姉《あね》さんですか、おひかえなすって。手前、生国は名古屋でござんす、名古屋と申しましても広うござんす。手前は神農会の売人《ばいにん》でござんす。本日はご当地のお祭りで……」。私は生れてはじめて、芝居みたいな仁義の挨拶をうけて目をぱちくり。困っているところへヤミ屋仲間の三杉のおっさんがきたので、「おっさん、この人によい場所を教えてあげて」というと、この人がとんだ芝居好きな人で、小腰をかがめて、「おひかえなすって、手前名前は三杉鉄之助でござんす。袖すりあうもごえんでござんす」とやりだしたので、朝から駅前の茶番劇で、人生にはいろいろな人がいて、いろいろな生き方があるものだと思いました。

次の日、この人は私のところへきて、「姉《あね》さん、おかげさんでけっこうな商売をさせていただきました」と挨拶して行きました。あとで三杉さんにきくと、神農会というのは日本国中にあって、露天商人の組合みたいなものだといっていました。「おっさん、仁義の挨拶お上手ね」というと、「挨拶ぐらい知らんと、塚口の奴ら、なにも知らんとばかにされるので、ちょっとまねしました」といって二人で笑ったのですが、思いだすとたのしかったひとこまでした。

ヤミたばこ裁判騒動

でも、口惜しくて泣くにも泣けないこともありました。ある朝、私がいつもの通り駅前でたばこを売っていると、見なれんお客さんがピース一個くれというので、私がないというと、なんでもいいからたばこを売ってくれというのでした。「こいつ、あやしい」と思って、「たばこなんかありません」とことわったのです。朝の出勤時で、いつも買ってくださるお客さんらが「たばこ、たばこ」といってくるし、困ってしまい、商売をやめて帰ったのです。

それから二、三日してまた先日の人が、今度は張りこみをしていたのを私は気がつかなくて、手巻きたばこをかなりたくさん持って立ち売りをしているところを見つけられ、つかまってしまいました。私が、朝ご飯もたべていないし、三歳の子どもが家に一人でいるので、家に帰りたいというと、その刑事は家までついてきました。勝子を背負い、私が「お待たせしました」というと、「たばこも持ってくるんだ」といわれ、箱入りたばこや手巻きたばこやら、二千円分ほど持って行きました。

伊丹署へ行くと「いつからたばこを売っている。どこから、だれから品物を仕入れたのか」というので、黙っていると、机をドンとたたいて「どこのだれがたばこを持ってくるのかときいているんだ。お前が毎日売っていることはわかっているんだ。ヤミたばこの卸屋があるはずだ。そこから買っていないとすると、どこから盗んできたのか」なぞと大声でおどかすので、「どこのだれか知らないが、通りがかりの男の人がたばこやあめを売りにきたのですが、外国人のようでした」といっているうちに勝子が泣きだしたので、「泣かすな。うるさい」とどなられた時、たった三歳の子どもにも母がボロクソに怒られているのがわかったらしく、「オッサンバカ、オッサンバカ」と声を張りあげて泣きました。

とうとうその刑事も、「かなわんなあ、親は黙っとるし、ガキは泣くし。まあ今日は帰れ、明日もう一度出頭するように。たばこはとりあげた」というので、「そのたばこどうするの、あんたたちがすうんですか」というと、「専売局へ返すのだ」といっていましたが、弱い者いじめもいいとこで、私からとりあげたたばこは、その日限りで行方不明になりました。

次の日、根ほり葉ほり調べられましたが、「なんといっても知らんもんは知らん。もういいかげんに帰らせてください」というと、「そうはいかんよ。いうのがいやだったらしばらく泊ってもらおうか」というので「おどかさんとおいてくださいよ。日本の法律は変りましたので、私は一晩ぐらい泊めていただきますがね。子どもをブタ箱へいれることはできませんよ」というと「いちいちうるさいことというな、お前はいったいなに者だ」「私は日本人の母親です。日本が戦争に負けて、この子の父親も家もアメリカに焼かれてしまい、五人の子どもをかかえて、一日一日を命がけで生きているのです」。

そして昼になったら、小使いさんがサツマイモをふかして山盛りにして持ってきて、「いもでも子どもにたべさせなさい」といいましたが、どうせ弱い者いじめして略奪したいもだと思いまして、「おいしそうなおいもですね。だけどおかしいですね。尼崎地区ではおいもでも売ってはいけないといわれているのに、伊丹ではこんなにたくさんあるのですか」。その時一人の刑事がヤケクソでどなりました。「やかましい、ばかもの、帰れ、帰れ」「はい帰ります。さいなら」と帰ったのです。

七日目に伊丹に裁判所からよびだしの葉書がきました。略式命令で罰金二千円払えとのこと。「とんでもない。品物をとられた上に、罰金などどうして払えるものですか。今日たべる物にも困っているのに」というと、検事さんだか事務官だか知らないが「おばさん、罰金払わんと一カ月の拘留だが」というので、「それなら正式裁判してくださ い」といって、その場で手続きをして、一週間後に今度は裁判の日時の通知がきました。

法廷で判事さんが、「どうして裁判を正式にしてほしいのか」というので、「なにも悪いことをしていないのに、商売物のたばこはとられ、罰金も払えといわれても、理屈にあわんことに金なぞ払えません」というと、「払わないと拘置所へはいらんならんのだ」というのです。そこで「子どもを残してブタ箱入りもできないから、いっそ母子六人いっしょにいれてもらいましょう。それでなかったら、殺された夫を返してください。夫さえ生きていたら、道ばたで物を売るようなことはいたしません。毎日命をつなぐのがせいいっぱい。子どもを餓死させるくらいならどろぼうでもいたします」。そしたら裁判官はちょっと考えて、一カ月百円の月払いで払えといいましたが、私はがんばって、その日は無事に帰りました。

それから一年後の朝早く、地区の駐在さんが持ってきた一枚の紙、それは専売法違反の罰金を払わないための収監状でした。駐在さんといっしょに裁判所へ行くと、事務官が「罰金持ってきたか」というので、「持ってきません」。「はいるのか」というから「はいりません」。そして「払えないのです。払わんのと払えないのとはちがいます。もう十年待ってください。十年たてば息子が一人前になって働きます」といった時に、傍聴にきていた伊丹の顔役が「わしが五百円たて替えてあげるから、あんまりごてずに払いなさい」といってくださり、判事さんも「やれやれ」というお顔で裁判終り。

あれから三十年、あの時の官選弁護士さん、判事さん、伊丹の親分さん、いろいろな方に大変ご迷惑をおかけいたしました。思えば私も、むこうみずのこわいもの知らずだったけれど、あの時は一日一日が飢えとのたたかいで、長い戦争でやっと生きぬいてきた子どもたちに、なにがなんでも腹いっぱいたべさせたい、せめて義務教育だけは受けさせたいと思ってがんばったのでした。

もう一つ忘れられぬできごとがあります。朝早く仕入れにいく途中で辻強盗にお金を全部とられ、家に帰ってからも、くやしさと仕入れのお金がないのを心配して、夜中に一人で泣いていたのを三女の美世子が知っていて、次の日、私が大阪へ行き、朝鮮あめ屋さんにあめを一缶貸してもらって、やれやれと夕方家に帰ると、美世子が「母さん、この着物を売って」と、学童疎開に持って行ったので残っていた一枚きりの自分の着物をだしてくれました。「どうして」ときくと、「母さん、昨日夜中に泣いていたでしょう。私、知っていたのよ」というのです。

十一歳の少女が、母を助け、力づけてくれるそのやさしさ、その利口さに、私はこの世の宝とはやっぱりわが子だと思い、子らとともに生きるためなら、どんな苦難でもたえていこうと思い、おかげで今も、こうして生きているのです。

ご恩返しの水道

塚口に住んでいておどろいたことは、水の不自由なことでした。塚口地区は阪神間の中間都市なのに、市設の水道は古くて鉄管がさびてしまい水が出ないので、一つの井戸を二十軒ぐらいで使っていたので、洗濯も満足にできなかったし、他の町内でも水の出が悪くて、市に対して水道管のとりかえ要求をだしたのですが、市から赤字だからできないとことわられていたのです。

そこではじめに、私たちが住んでいる和楽園の人たちのなかから、西宮税務署の前の署長の大原さん、会社づとめの樋渡さん、三菱電機労働組合元青年部長の高橋さん、それに私とで話しあい、なんとしても「水道の水を飲ませよ」と市に要求しよう、和楽園だけでなく、広く塚口地区の人びとにもよびかけようと話しあい、和楽園内の人たちにビラをくばりました。ビラは私の家でつくりました。そしたら三十人集まり、不平、不満がいっぱいでました。それで他町内へもよびかけましたら、どこも同じで水には困っているので、いっしょに運動することになりました。

市側は予算がないといってどうしてもとりあげないので、進駐軍に井戸水を持って行って検査してもらうと、飲み水として不適当ということになって、尼崎市へ水道管のとりかえをするようにとの命令をだしたので、予算のあるなしにかかわらず工事をすすめることになりました。でもやっぱり赤字だから、住民にも協力してほしいということだったのです。そこで世話人が相談して、住民一戸当たり五百円ずつだすこと、塚口地区は中小企業も大会社もあるので、大口のカンパを集めることにしました。神戸銀行、阪急電車、三菱電機、郡是製糸なぞは五万円ずつだしてくれました。そしていよいよ工事にかかることになり、最後の世話人会には堀さん、高橋君と上野製薬の社長さんと私の四人で話しあいました。

私たちの住んでいるところは、借家ばかり九十八戸まとまって和楽園といい、家主は塚口駅前の玉村商事さんでした。だから水道の工事の負担金を、家主の玉村さんにだしてもらうように交渉中でした。借家人である私たちには、とても一戸あたり五百円なんて大金はだせないといったのです。その時川口さんという人が「金をださんのなら和楽園へは水をやらん」といったのです。それで私は「川口さんはお医者だそうですが本当ですか」といったのです。そしたら川口さんは「ぼくは軍医だったよ」というので、「人間は水と空気がなければ生きていられないことぐらい私でも知っていますのに、お医者さんがそんなことといっていいのですか」といいましたが、軍医なぞという人は、借家住いの私たちが五百円もの大金がだせないことや、家の持主の責任なぞということも知らないで、貧乏人と金持が同じ負担をすることが平等だと思っているらしい。日本の民主主義もこれからがほんとうのたたかいだと思いました。

そして一カ月すぎて、新しい水道から水が出た時には町内一同大喜びで、「洗濯物も白くなりました」と洗濯物を持ってお礼にきた人もあり、道で会う人ごとに「たばこ屋の小母さんありがとう」と挨拶されました。それからは私の信用も上がりましたので、次女の信子が家で子ども会をやっても、近所のお子さんが大ぜい集まるようになりました。

Ⅲ　ニコヨン日記

日給百六十円

私が失業対策事業にはいったのは、昭和二十六(一九五一)年の三月二十八日でした。二十四年ごろからようやく物資が出まわりましたので、ヤミ屋といわれた商売もできなくなりました。それに追いうちをかけられるように、二十四年からはじまったレッドパージで、次女の信子も三菱電機伊丹製作所を首切られました。長女の愛子が、ある労働組合の書記局につとめてわずかの月給をもらい、市役所から生活保護をうけてようやく生きていたので、各都市に失業対策事業がはじめられて、日給が二百四十円ときいて、私も尼崎市の職安へ行きました。手つづきはできましたが、出屋敷まで行くのに歩いて二時間ぐらいもかかるので、たのんで伊丹市の安定所へ変更してもらいました。

次の日伊丹の安定所へ行き、失対紹介の窓口へ手帖をだしたら、「あんたは尼崎の人だから伊丹では働けない」というのです。尼崎で変更してもらったといっても、「なんといってもだめだ、尼崎の人は尼崎の職安へ行きなさい」というのです。私も大きな声で、「伊丹の職業安定所は私立ですか。国営なれば、日本国中どこでも自分の働きよいところへ行けるように世話をするのが職業安定所だと思っておったのに、いっぺん労働省へききあわせます」といったら、奥から若いきちんとした身なりの人がでてきて、「おばさんのいう通りだから伊丹で働きなさい。明日朝きなさい」といってくれて、私はいっぺんに胸のつかえが下りたけど、電車賃もないので歩いて帰りました。

ところが次の日、早く起きて歩いて、六時三十分に現場の事務所へ行き、窓口で紹介状をだすと、「なんだこんなもの持ってきて、おれは知らんぞ」と、ここでもどなられました。まごまごしていると一人のおばさんが、「あんたはじめてきたんか。なかへはいって一番偉い人にたのみなさい」と教えてくれました。そしたら背の高い目つきのするどい人が、「一番偉い人か」とにが笑いをして、「おそいなあ。みんな行く先きまってしまったが。近くの道で草とりでもするか」といって、六人の体の弱そうな人たちといっしょに働くことになりました。現場事務所の近くで、田んぼのなかの小道でしたが、草は春先だからよくのびていました。

なれぬ仕事で腰は痛いし腹はへるし、やっと十二時になっておべんとう。お茶も水も薪もなにもないので、見かねた私が現場事務所へお茶くださいといったら、「ヤカン一個貸したるで、水はないから近くの家でもらうように」といわれました。近くの民家へ水をもらいに行ったら、いやな顔をされ、「なんで失対事務所は水道を引かんのか。毎日水もらいにきて市民はめいわくです。今は水代だって高いので、あんた今日はあげるが、明日はあげへんで」といわれて、口惜しい思いをしました。水をわかす木もなくて、一人のおばさんが田んぼのわらをとってきてわかしてくれました。

道ばたに座ってたべていると、人はじろじろ見て通るし、ほこりはたつし、その上一人のおばさんは、「貧乏でべんとう持ってこられへん」とお茶ばかりのんでいるので、私は幼稚園児が持つような小さいべんとうがのどにつかえてたべられず、その人にあげてしまいました。その人は青山さんといって、昨日職安ではじめて顔を知った人でした。「おおきに、おおきに。私んとこ大阪で焼けだされて、子どもが八人もいるのに、おっさんは働かんし、生活に困って一番上の娘は水商売させております。私も失対へいれてもらい、今日はじめて仕事にきたのです」といって涙をふいているので、私の家も大変だが人ごとならず、お気の毒だと思いました。青山さんのいったおっさんとは、夫であり、子どもたちの父親のことでした。その時一人のお百姓さんが現われて、「こら、お前ら、わらをぬきよったな。どぬすっとめ」と怒り、「すみません」とあやまった人は三つほどなぐられました。

ようやく午後四時になって現場事務所へ帰り、日給をもらいましたが、なんべんかぞえても百六十円しかないので、不思議に思って窓口の人にきいたら、「伊丹は二級地だからニコヨンではないよ」といわれてがっかり。それでも帰りにみかん十円と、食パンの耳一袋十円を買って帰りました。

夕食は味噌汁とパンの耳とみかんで、子どもたちも喜んでくれました。同居している青年にいろいろ伊丹の失対の内容をききますと、引きあげ者、未解放部落の人、戦争未亡人、都市爆撃で家も会社も焼けてしまった失業者、戦争中に動員されて日本へきた朝鮮の人たちが、祖国が南北二つに分裂させられたために帰れなくなった人たちでした。

次の日は、「高井と青山、お前たち今日から衛生班へ行きや」と偉い人にいわれ、行って見ておどろきました。下水掃除なのに長ぐつも手袋もなく、まっ黒けに汚れて臭いし、犬や猫の死体まで流れているのに、なんの道具もまんぞくにないので、手づかみであげているので、私はあきれて見ていました。そしたら年とった監督がきて、早く仕事をしなさいというので、「長ぐつはありませんか」というと、「ぜいたくいうな、はきたかったら自分で買いな」ととりつくしまもない。「でも監督さん、長ぐつ買うほど日給もらっていません」といったら、「しゃないから草でも刈れ」とぼろぼろの赤さびた鎌を渡されました。ぼろぼろのさびた鎌では草も刈れず、頭にきた私は、「監督さん、すみませんが草の刈り方を教えてください」といったら、「どれどれ、草刈りもできんと、お姫さまみたいなことといって失対がつとまるか」と文句をいいながら鎌を持ったけど、なんといっても天下一品のさび鎌で、さすがの監督も手を焼いて、「切れんのう。まあええわ、お前は新米のくせに生意気だ」といっていました。その日も百六十円でした。

一日働いて百六十円では電車にも乗れないので、毎日歩いて通勤する。電車賃は片道十円で、朝夕走る電車を横に見て、歩け歩けと歩いていると、だんだんなれて速くなり、はじめの日は片道三十分かかったのが、五日目は二十分で伊丹の安定所へつきました。ところが、「今日はあんた休み番やで」というので「なんで休みです」ときくと、失業対策事業の予算で、伊丹では一カ月十八日働くことになっているとのことでした。ひと月に十八日だけ働いて、日給が百六十円とはおどろいた。一カ月の収入が二千八百八十円です。一日百円にもならんのです。

ほかにもあぶれた人が二十人ほどおったので、いっしょに職安の待合室へはいって仲間の人たちの話をきくと、男の人が「輪番であぶれ、雨が降ればあぶれ。日曜は休みだから、失対は食わなんだり食わなんだり。生かさず殺さず。さかさにしても鼻血もでないのが私らのことだよ」というのです。だからひと月に十八日働けばよい方で、雨降りがつづいたりすると、十四日ぐらいしか働けんというのです。その話をきいて、帰る道でも考えてみたけど、どうしてよいやら見当もつかず、夜もなかなか寝つかれませんでした。

道端で　べんとうたべたはじめの日は　のどにつかえて悲しかりけり
冬眠の　カエルを切りて涙ぐみ　両手あわせてなむあみだぶつ
くにさんは　今日もお昼に水のんで　米が買えぬと涙流せり

労働組合をつくろうよ

次の日からは、伊丹市の北の丘にある松林の木を切り倒して、根っ子を起して整地する重労働がつづきましたが、日給は百六十円。監督は栄養不良と重労働で起き上がれない人を、「こら、なにしとる、起きんかい」と足でけっとばすこともあるので、見かねた私は「ここに学校でも建てるんですか」ときくと、警察予備隊(今の自衛隊)の兵舎や総監部を建てるというので、私は心のなかで(このばか。あんなばかげた戦争をして、ここに働いている女の人は夫や子どもを殺され、家まで焼かれた人たちばかりなのに、見てわからん者はきいてもわからん)と思いました。でも国の憲法が変ったことは、いってあげようと思い、「でも監督さん、日本は兵隊や兵器は持たない、外国とのもめごとは話しあいで解決するように日本の憲法に明記されているのです。それなのに、兵舎や兵器倉庫をつくるのですか。私は絶対反対です」といったら、監督は目をむいて、「なんじゃて、生意気ぬかすな、政府の偉い人がお前らのために失対事業を起し、国を守るために軍隊をつくろうといってくださり、そのおかげでお前ら毎日働いて日給もらっているのに、ばち当りなことというな」と怒って、「早く仕事をせんか」とほかの人たちに当りちらすのでした。

それで私は次の日の昼休みに、「しんどいねえ。それに日給が安すぎる。それに、ここに兵舎や総監部をつくるそうですよ。戦争に負けて、私たちをこんな貧乏のどん底につき落としておきながら、あほらしいねえ。どうですか、労働組合をつくって賃上げ要求をだしませんか」といったら、みんなびっくりして私の顔を見ていました。

そのうちの一人が、「あかんで、労働組合なんて。そんなことといったら首切られるで」というと、べつの小母さんが「労働組合は赤やというやないか。赤は天皇陛下さまを殺すといってるそうやで、恐ろしいことや」というので、話にならんと思った時に一人の小父さんが、「そんなことないで。現に阪神間でも尼崎や西宮で組合つくって、日給かて二百四十円もらっとる。労働組合をつくりましょう」といいました。その人は池内政光さんといって四十五歳の人でした。私は、この人はたよりになる人だと思い、よろしくと頭を下げました。たとえ一人でも、自分の意見に賛成する人がいると思うと嬉しくて、なにがなんでも労働組合をつくり、賃上げさせようと決心しました。

それからは、仲間の小母さんたちは私をこわい者だ、赤だ、非国民だといって、近よらないようにするので、とりつくしまもない毎日でした。ああレッドパージがうらめしい。なにも知らない小母さんたちまでが、労働組合は赤で首切られるものと思いこんでいる。一日百六十円でこき使われ、長ぐつなしで下水へはいり、なにもいえない失対労働者でも、私は絶対に負けないぞ。この人たちはみんな同じに人の親であり、みんな同じに食わなんだり、家もなくて野宿している人が、伊丹だけでも二十人もいる。草をたべ、働いた日だけ食パンの耳をたべている人もある。自分たちがなにも悪いことをしておらんのに、戦争のしわよせを全身に受けて、しかたがないと思っている。自分だけでもよくなりたいと監督にごますったり、見ておられない哀れな人たちでも、この人たちになんの罪があるのだ。この人たちは私の仲間なのだ。いつの日か、きっときっと話しあい、団結して、今のかたきはきっとうってやるぞ、と思いました。

娘たちにも相談したら、みんな賛成し、できるかぎりの援助を約束してくれたので、持つべき者はわが子なりけりと、勇気がわいてきました。次の日から組合の話はやめて、生活の苦しい話や、子どものことや、病気のことなぞを話しあうようにしました。

そしてこの年五月一日、私たちは母子六人で、尼崎市久々知の市民運動場へ行きました。空は青く晴れ上がり、風さわやかなメーデー日和で、尼崎全地区からどうどうと隊列を組み、歌声高らかに行進してくるなかに、ひときわめだつのは、尼崎自由労働組合の赤旗でした。どこよりも女の人が多く、元気いっぱいでした。やっぱり組織労働者はちがうと思い、うらやましかった。来年こそは伊丹の自由労組の旗を高くかかげてメーデーに参加できるようにしよう、と心にちかいました。

組合PRに映画見物

次の日から、一日一人を目標によびかけて話しあいましたら、いろいろ困難はありましたが、五月十七日に十七名の賛成者ができたので、その日の夕方、失対寄り場で組合の結成式をあげました。尼崎の自由労働組合へも応援をおねがいしました。元三菱電機労働組合青年部長だった高橋義男君が司会して、十七名の組合員で伊丹自由労働組合が誕生しました。来賓に伊丹市会議員の垂泰蔵氏、尼崎自労の加茂鶴一氏、伊丹地労協会長の東田喜之助氏がみえて、お祝いと激励の挨拶をいただきました。そして私が委員長に、副委員長は池内政光、書記長は高橋義男、婦人部長は小磯まき子、執行委員は片山クニ夫と高見光治がきまりました。

次の日から活動をはじめましたが、一カ月十円の組合費もなかなか集まらない。百三十人のうちの十七人では、なにから手をつけてよいやらわからない。職安と市役所は、労働組合を若葉のうちに枯らそうと、必死になって私たち十七名をいじめるために、暴力監督とその下のなにもわからん労働者に補助金までだして、組合運動を弾圧してきました。

私たちが執行委員会や仲間によびかけるために夕方に大会をすると、大声をあげてやじったり、一ぱいのんできて暴力をふるったりしました。がんこで根性のある池内さんは、自分がなぐられても私を守ってくださった。私は声が大きく高かったので、奴らが一歩でも近づくと大声で「人殺し。ばか野郎」というので、私には手だしはしませんでした。だけど、今に見とれ、目にもの見せてやるぞと、私たちは十七人で団結してたかったのですが、かんじんの仲間の人たちが組合は赤だと思っているし、組合にはいると十円日給を下げられるので、五月中は一人も組合員はふえず、そこで戦術をかえて、文化運動をはじめました。

はじめに夏期手当の要求書をだして、次には文化運動の手はじめに、映画と芝居を見るために仲間によびかけました。仲間の小母さんたちは「高井さん、あほかいな。今日の米代にも困るわてらが、映画や芝居見られまっか。そんな話きくと腹がたちますがな。あほなこといわんといてや」というので、「あんたら芝居や映画きらいですか」といったら、「すかたん。これでも私ら女のはしくれや。戦争の前は芝居見にもよう行ったし、映画も見に行ったが、今はそんな金があれば米を買うがな。子どもかて貧乏で学校へも行っとらんのやで」というのです。「ほな毎日一円ずつ積み立てて、三十円ぐらいに値切って映画見に行こうよ」と私がいうと、「そやな、私らもたまには映画も見たいけど、そんなうまいこと負けさせられるやろか」「ほな、三十円なら映画見にきはるか。いっぺん私が伊丹会館へ交渉してみます」といって、夕方執行委員会で報告するとみんな賛成でした。

次の日、映画館へ交渉に行きました。百人以上なら三十円、五十人なら五十円にするが、税務署がうるさいので、そちらのほうからもことわっとくなはれといわれ、税務署も交渉に行き、話はうまくきまりました。次の日現場で報告し、一日一円ずつ婦人部長に集めてもらうように話しましたら、百人以上が賛成し、金も集まりました。そして六月の末に伊丹会館へ行きました。徳田秋声[1]の「縮図」。宇野重吉さんがくつ屋のおやじ、乙羽信子さんの芸者でした。

あくる日、現場では昨日見た映画の話でもちきりでした。みんな乙羽信子さんの芸者が、とても美人でかわいそうだったというのです。「だが、私たちはもっと貧乏で、小学校へも行けぬ子どもをどうするのだ。パンの耳と水ばかりのんでいたらどうなるのだ」といいにくいことをいってしまいました。「ほんとにそうや」という人も多く、「やっぱり尼崎や西宮のように、ニコヨンにならんとあかんで」という人もあって、それからはぼつぼつ組合へはいる人ができて、六月末から七月はじめには、組合員八十三名になりました。

夏期手当二千円

その時から本格的に労働組合として、夏期闘争にはいりました。尼崎、西宮、宝塚、伊丹と、互いに連絡をとりあいながら、毎日市長室へあぶれた人たちが交替で座りこみました。市長も助役も、「失対のくせに夏期手当を要求するなんて生意気だ。日本中探しても、日雇いにボーナスだす会社はない」といって、押しても引いてもびくともしないので、七月十日の正午、全員で役所の正面入口で決起集会を開きました。

委員長である私が、トラックの上から今までの経過報告をしていると、昼食を終った市会議員さんが二階の窓から見物していましたが、なかには笑っている議員さんもあったので、よけい組合員は怒りました。「金は馬に食わすほどあっても、失対労働者は見殺しにするのか。二階から見ている市会議員はなんと思っているのか。失対にはお盆も正月もできなくて当り前と思っているのか」と日ごろのうっぷんを爆発させて、大さわぎになりました。そしてやっと市長が組合三役と会い、「明日回答する」というのでひとまず引きあげましたが、私の胸算用では二千円の要求に対して、五百円ぐらいの回答をだすだろう、なんとしても千円はとりたいと思いました。

明けて八月十一日、いつもより三十分早く行くと、失対寄り場はひっくり返るような大さわぎです。なにごとかときくと、山田監督が車の上に立ち上がり、「夏期手当は二千円で昨夜交渉妥結した。ただし赤の組合にはださない。お前たちは日雇いだから、法律にない手当はもらえないから、貸付金二千円だ。今日からおれが組合長で第二組合ができた。市長も応援してくださるから、早くこちらの組合へはいった人は日給も十円上げてやる」といっているので、仲間は大あわてで私に脱退届をだし、第二組合へ入会する人がぞくぞくと出て、残ったのは執行委員だけになりました。

そこで私たちは、朝から市長の家へ押しかけて、「一カ月もかかって交渉したのは自労なのに、一夜のうちに第二組合をつくって、貸付金で組合をつぶすようなことをなんでした」とつめよりました。市長は「私はなにも知らん。二千円は昨夜、山田君と中村のおばさんがたのみにきたので話はきめた。あんたのほうも、貸付金なら二千円平等にだすよ」との回答でした。あほらしくてがっかりしたけど、しかたがない。涙をのんで二千円借りることにして、夕方仲間に報告すると、「なんやあほらしい。どちらの組合も同じなら、第二組合なぞはいるのではなかった。高井さんには病気した時や子どものことでいろいろ世話になったのに、申しわけない」という人もいたけど、明日二千円借りられるのが嬉しくて、仲間は喜び勇んで帰って行きました。

私はいっぺんに力がぬけてしまった感じです。たとえ五百円でもたたかいとろうと思っていたのに、一夜のうちに裏切られてしまった。だが負けるものか、私たち残った組合が力をあわせ、年末までには立て直してやったるぞ、と心にちかい、十七人で固い約束をして家路にむかいました。

八月十三日の夕方、各自二千円ずつ貸付金を受けとり、「これでお盆ができる。子どもにスイカがたべさせられる。借金や家賃も少しは返せる」とみんな喜んでいたのに、市は次の日から十円ずつ天引きで貸付金をとり立てたので、みんなびっくりするやら怒るやら。「毎日十円引かれたら、なにしているのやらわからない。市役所も殺生や」と泣きごとをいうので、私はいってやりました。「借りたものは返すのが当り前。今さら泣きごといってもだめよ」「高井さん、そんなこといわんといい方法ないやろか」「いくらでもあるよ、だけど二千円ぐらいでだまされるような根性なしではできないよ」というと、みんなしゅんとしていました。それで、「賃上げさせるように要求しましょう。しかしみんなで団結して交渉するんやで。団結とは仲間がみんな一つ心になって、同じことをすることです。お前さん右へ行き、わては左へ行くというのでは団結できないし、要求も通らん」といったら、仲間は第二組合へ行ったことを悔んでいたようで、文句をいわずにうつむいていました。

ばかな母ちゃん

執行委員会で今後のたたかい方を話しあうと、「勝手に第二組合へ行ったのが悪い」「いや、なにも知らんでだまされたんや」「ちっとはこりたほうがええやろ」「いや見殺しにしたら団結できへんで」「だいたい高井さんが悪い。たのまれたらなんでもハイハイと受けあって、甘やかしすぎたんや」「委員長は請負者みたいなんではあかんで」と論議続出でした。私も「いわれる通りだが、なにかいい方法ないやろか。第二組合へ行った人たちが帰ってきていっしょにたたかえるような、ええ政策考えてくださいよ」といったら、片山執行委員が「そうだ、健康保険をつくりましょう。みんな病気になっても、医者にもみてもらわんと死んだ仲間もなん人かおる。生活保護だってむつかしいこといって、なかなか世話してくれないので、そのうちに手おくれになって死んだ仲間もいるのです」。

　そうだ、いいことといってくれました。お盆がすぎたら健保をたたかいましょう。それから越年闘争は、議員さんにも地労協〔地方労働協議会〕にも援助をたのみましょう。今日は本当にご苦労さまということで、家に帰ったのは夜中の十二時をすぎていました。

　家に帰ったら、子どもたちは待ちくたぶれて寝ていましたが、末っ子の寝顔を見て、思わず私は涙がでてしまい、「ごめんね勝ちゃん」といって抱きしめてしまいました。「私はあほうな母親で、わが子をほったらかして走りまわって、組合運動をして、裏切られても組合運動がやめられん。ばかな母ちゃんを許しておくれ。完治も勝子も夕ご飯になにたべたの、かわいそうに」と一人ごとをいって泣いてしまったのです。

そのころに、こんなこともありました。八月十五日はお盆休みですが、西宮の仲間が座りこみをしているときいたので応援に行きました。北今津で阪急電車を下りて国道を歩いていたら、よく太った小母さんから「あんたどこへ行くのんや、そんなふうして、今は西宮は戦災都市やで、こじきに物をくれるような人はいないよ、働きなさい」といわれました。私も今までいろいろのことをしてきたが、こじきといわれたのははじめてでした。ちょっといたずら気をだして、「そうだっか。私も今津で焼けだされて、子どもを連れて困っているのですが、なにか仕事がありますか」といったら、「あるがな。今からわてが安定所へ連れてってあげるから、失対へはいりなさい。こじきなんかやめとき」といわれました。そしていっしょに安定所へ行くと、となりのお寺の前に西宮の仲間が五百人ほど座りこんでいて、尼崎からも大ぜいきて、激励演説をしていました。それで私もあいさつして、伊丹の二千円の話もしました。

その時、兵庫県警の立花部長が部下を大ぜい連れてきて、ウイロビー中将の命令だからと、解散命令書を読みあげて追いだしにかかったのです。そこで私は、「立花さん、あんた一年に一度のお盆に、スイカの一つも仏さまにそなえたい、子どもに食わせたい、という私たちの願いがなぜいけない。あんたそれでも日本人か」といってつるしあげました。皮肉なことに、立花国夫という男は戦時中は特高警官で、夫の高井専属のスパイだったので、私とは顔見知りだったのです。立花は私にはなにもいわず、「解散してください」といって帰って行ったので、「ここから解散したらええんやで、市役所へ行こう。市役所へ行くなとはいってないから」と、全員市役所へ座りこみました。

今日西宮駅前で会った小母さんが私に、「なんやあんた、人が悪いよ。あんまりぼろぼろやから、わてはこじきかと思ったがな」ときまり悪そうでした。

たんぽぽ

今日もあつい
ま夏の太陽がギラとてりつける下で
天神川のバラス上げだ
大八車に山盛りつんで
三人がかりで引っぱり上げる
女の力では三人がかりでもなかなか上がらない
あと押しをつけてくれといったら

かんとくの野郎目をむいて
なんや　このくらいの車が三人がかりで上がらないのか
あかんなあ　牛やったら一匹で引くのに
なにぬかすのや
私ら人間やで
戦争前はこれでもな
奥さんやおかみさんだったのだよ
なんぼびんぼうしたかて人間が牛になれるか
あんた男やろ
女より力つよいやろ
男さんなら一人で引いてみな
こら高井　わしはかんとくだぞ
あほらしくて車が引けるか
口惜し涙に歯をくいしばって
うんとこ　やっとこ　引っぱり上げた

土手の上にきいろい花がいっぱい
わあ………たんぽぽや
ばんのおかずがいっぱいある
松ケ丘までやっと一台行ってきて
帰りはかるいから車
やっとひる休み
べんとうを早くたべてつみ草だ
土手上のたんぽぽ
あっという間になくなった
そして輪になってたんぽぽをそろえる
これでばんのおかず代たすかった
あしたはのびるをつんで
おみそを十円買ってみそ汁にしよう
たまにはセンコーティでも食いたいなと
一人の小母さんのひとりごと

センコーティてなんや　ときいたら
なんでも知ってる高井さん
センコーティも知らんのかと
みんなに笑われた
いじわるいわんとおしえてよ
そうやな　おしえてあげよか
なみ肉の下の肉やさかいセンコーティだよ
波の下ということさ
ああそうですねえ　ほんとに
あほやな　感心してる場合じゃないよ
かんとくと
けんかしながら車引き
毎日あつい日がつづき
日給は安く物価は高く
牛馬のような生活でした

牛だったらはらいっぱい草をたべられる
ケイ馬の馬だったら
馬丁がついて
ぴかぴかに毛が光ってる
あの馬はなにをたべてるんやろなあ
わしらはらへらして車引っぱってる
あのどかんとくめに
牛以下だといわれても
おこる気力もない仲間たち
それでも子どもたちに
ひもじい思いはさせたくない
自分はおひるに水のんでも
子どもたちには
パンの耳でもよい
はらいっぱい食わせたい

夕方百七十円もらったら
なにを買おうと考えながら
ま夏の太陽の下での車引き
牛ではないぞ
母たちがたんぽぽつんで働いて
あしたの生活守るのだ
子どもたちよ
早く大きくなっておくれと
毎日毎日がんばるのだ

（一九五一　夏）

三女のブタ箱入り

私がこんなふうにして労働組合のことを一生けんめいにやりだしていたころ、朝鮮戦争がはじまっていました。三女の美世子は、反対のデモに参加したというので、二十二日間、ブタ箱に入れられました。当時美世子は、大阪の北野高校定時制の二年生で、十六歳でした。

永い戦争中、ひもじい思いをしてこらえて学童疎開をし、親ともべつべつに暮した悲しい思いから、デモに参加したのでしたが、体が弱かったので病院通いをしていて、つとめていた大阪地方裁判所を休んでいました。けれど、先輩や友だちが次つぎと逮捕されるし、あまり長い欠勤なので、十一月の末に久しぶりに出勤して、自分の部屋へはいるなり、「高井さん、面会です」といわれて部屋を出ると、いきなり手錠をかけられた、といっていました。

それから二十二日間のブタ箱でしたが、未成年だし、デモに参加しただけだったので、不起訴になりました。

不起訴になって家へ帰って一カ月後に、大阪の家庭裁判所から「母子で出頭するように」命令がきて、美世子と出かけましたら、判事さんが私にいわれたことは、「お母さん、この娘さんの教育方法をどう変えますか」ということばでした。私は答えました。「この子は戦争のこわさ、恐ろしさを、小さい時から身をもって知っています。学校でも家でも平和を守れ、と教えられているので、その教えを守ってデモに参加したのです。

この子は本当に親孝行なよい子です。べつに教育方法を変える必要はありません」と。そしたら判事さんは、「そうですか」といっただけで「帰ってよろしい」ということになりました。それからは、裁判所のよびだしはこなくなりました。

不起訴になったのが十二月末でしたので、永い間つとめ先を休んでいて給料をもらっていなかったので、金はなし、着る物もなしで困ってしまいました。それで暮れも押しつまった二十七日に、母子で大阪地方裁判所の会計へ、「給料をください」といいに行きましたら、「永く休んでいたので計算ができていないので払えない」といわれました。それで、「年末に給料をもらわないと正月もできません。月末には借金とりがくるので家にはいられないから、月給がもらえないなら、ここで年越しさせてください」といって座りこみました。

だんだん時間がすぎて夕方になり、年末の最後の日なので、ほかの部屋ではみなさんお帰りになったのに、私たち母子が座りこんでいるので、この部屋では職員の人たちが帰るに帰れず、だいぶ困っておられました。それで、裁判所の労働組合の書記長がでてきて、いっしょに交渉してくださって、夕方の四時すぎに立て替え払いのかっこうで、給料を三万五千円だったと思いますが、うけとって帰りました。やさしい美世子は小学校三年の妹に花模様の着物を買ってくれ、私にも餅代だといってお金をくれましたので、大助かりでした。

正月休みがすんでからは、なにも法にそむいたことをしたわけではないので首も切られずにすみ、また裁判所へ出勤するようになりました。けれど、学校は追放されてしまったのです。姉たちも怒って、家中で学校の不当ないいぶんに対して抗議したのですが、なん回交渉してもだめで、しまいには私と美世子と夜、校長に会いましたが、校長は「なんといってもだめだ、私はヘボ学者だが二千人の生徒をあずかっている北野高校の校長だ。ほかの生徒の教育上も困るから、校則違反で退学させる」といい、よその学校へ転学手続きもしてくれなかったのです。

今考えると、私もむこうみずだったと思います。どんなことでも、敵には頭を下げん主義で生きていたので、高校の校長でも裁判所の判事でも、ちっともこわくないし、正しい者は本当のことをいってもいい、と思っていました。

健康保険と葬式課

あれはたしか、昭和二十七(一九五二)年の夏だったと思います。執行委員会で健康保険をつくるために市へ要求書をだしました。その当時の伊丹市役所には失対係も市民課もなくて民生課へたのみに行ったけど、手おくれで死ぬ人が多かったので、民生課でなくて、民殺し課だなぞと悪口をいう人もありましたが、今度は本当の民生課になって、日雇いにも健康保険をつくってください、とみんなでたのみに行こうと相談して、第二組合員にも団結して行動するように訴えました。行動にはいる前になん回も話しあって、全員の賛成で第二組合も一人残らず、あぶれた人が毎日交替で市役所へ行くことをきめました。

九月一日から毎朝安定所で、あぶれた人が今日のあぶれを手帳に認定印を押してもらい、九時から正午までは、市役所へ健保つくれと座りこみました。なにがしあわせになるかわからんもので、今までは雨が降ればあぶれ、天気がよくても輪番のために休まなければならないので、おっさんたちも一ぱいの焼ちゅうものめないとぼやき、小母さんたちは子どもに食わす物がないといっていたのですが、あぶれの日には市役所へ座りこみ、いいたいことの一つもいえる。みんな自分のことですので、一人残らずみごとに団結して、座りこみが一年近くつづきました。もう一つよかったことは、一人ひとりが、自分が今まで病気になって困ったことや、医者にもみてもらえないままに死んだ主人のことや、今現在、病気で苦しんでいることを、民生部長に訴えたりできるようになりました。

雨の日も風の日も、よくもつづくと思うほど毎日座りこみました。はじめは泣いてもたのんでも、のれんにうで押し、ぬかに釘でしたが、仲間の人たちは雨降りには米の袋まで持ってきて、健保のたたかいから米代よこせ闘争までできるようになりました。はじめは市役所へ行くのもこわがっていた小母さんたちが、自分で交渉できるようになりました。そして、越年闘争も健保闘争とあわせてたたかいましたので、盛り上がりました。そして翌二十八年の六月議会で、伊丹市条例で日雇健康保険がつくられ、七月一日から実施するようになりました。

保険のできたのを待ちかねていた病人は、入院するやら入歯を入れるやらで、市の保険は、半年でばく大な赤字になったと保険係はいっていましたが、一番かわいそうな人は河野久野さんでした。保険ができるのを待ちかねて入院したけれど、手おくれで、一カ月後には死亡しました。院長にあと一週間の命といわれて、生きているうちに傷病手当だけでももらってあげようと保険係に交渉して、二十日分、二千二百円を病院へ届けた時の、河野さんの喜んだ顔は今も忘れられません。永い健保つくれの闘争中、いつも先頭にたってねばり強くたたかいぬいた久野さん、だから手当のお金は少なくても、自分がたたかってとったお金を持った時は、どんなに勝利の喜びでいっぱいだったでしょう。たしか五十二歳だったと思います。

健保のたたかいに勝利した仲間たちにも、まだまだなんぎなことがありました。葬式の費用がないことでした。だれか死ぬたびに市役所へ行って、葬式代をだすか、市で葬式をだしてくださいとたのむのも私の仕事でした。だから私が市役所の民生部へ行くと、「高井さん、また葬式か」といったものでした。だが、なにが役にたつかわからんもので、今では伊丹市の市民課に葬祭係ができたので、私が今死んでも三万円で葬式ができる。これも二十年前に、毎日いっしょに働いて死んでいった仲間のおかげです。

だれとだれが　医者にもかかれず　死んだ話をもちよりて資料をつくれり

ただの教科書

私が伊丹の失対事業で働くようになってから、三年目の夏は特別雨の日が多く、一カ月に十三日しか働く日がありませんでした。日給はやっぱり安く、男の人で二百円、女の人は百八十円か百九十円。だから一カ月間に三千円にもならないので、さすがおとなしい第二組合の仲間も怒って、雨降りには安定所で仕事よこせ、米代よこせと全員座りこみ、上を下への大さわぎでした。でも、職安で仕事よこせとなんぼさわいでもだめと思い、昼すぎからは市役所民生部へ米代よこせと押しかけました。そこもたよりにならんと市長室へ。それがなかなかむつかしい。市長は昔の殿さまみたいで、「目通りかなわん下れ、下れ」とはいわなんだが、とにかく「失対の人に会ってもしょうがない。市長はいそがしいから」とおでかけになる。実はうるさいので逃げだそうと思っているので、廊下まででてきたところを、待ちかまえた小母さんたちにとり囲まれた、その時のやりとりのひとこまです。

「あっ、市長さんや」「市長さんすみません、毎日雨降りで、わてら一文なしで、米びつはからっぽ。子どもらも腹がへって学校へも行かんと寝てます」「せめて、アメチンだしておくなはれ」。市長「アメチン？　なんのことですか、あめ玉のことですか」。よっぱらった男の人「あほんだら、雨賃いうたら日給よこせいうことや」。市長「仕事もせずに日給よこせ、むりいってはいけません」。「なにいってんのや、いっぺん尼崎へ行って見てみ、雨降りには雨賃がでてるんや」「市長はん、こんな歌知りまへんか。土方殺すに刃物はいらん　雨の三日も降ればよい」「どないしてくれるんや」

雨が降るたびに、毎日こんなやりとりがつづきました。そのたたかいのなかで一番心配したことは、学校へも行かずに、おなかをすかして寝ている子どもたちのことでした。みんなが一人で心配しておってもしかたないので、雨降りの日に、小母さんたちと母親相談会をやりました。

集まったのは二十八歳から四十歳までの三十六人。一人ひとりに意見をだしてくださいというと、でるわでるわ。「失対へやっとはいれて、二人の子どもを残して働きにでて帰ったら、小さい子が死んでおった。医者にもみてもらえずに、死亡診断書だけもらった。あんまりひもじくて、お宮さんのぎんなんの実拾ってたべて、中毒して死んだんです」。それは七歳と五歳の男の子だったそうでした。また母親が失対で働いている間、四歳の子どもを一人残しておったのですが、野つぼへ落ちて死なせた話や、四歳の男の子が、冬の寒い日に一人でるすばん中に新聞紙に火をつけて火事になったことや、きくも涙、話すも涙の物語りでした。

それで、なにから手をつけたらよいやら相談して、学校や託児所のことを、母親が力をあわせてやりましょうと申しあわせて、二十八(一九五三)年六月、日雇い母の会ができて、苦しいなかから毎月十円ずつ貯金をはじめました。一番はじめに、一カ月の教育費はいくらかかるか、失対の子どもでなん人学校へ行ってるか、不就学児はなん人か、新学期の本代はいくらぐらいかを調べました。母親たちは、毎日仕事が終ってから五人一組の行動班をつくり、市会議員、民生委員、教組、市職、校長会、ＰＴＡの役員さんのお宅を訪問して、教科書も買えない実情を訴えて、協力をお願いしました。土曜日の夕方には全員集まって、一週間の行動内容と成果を話しあいました。それが翌年の二月までつづきました。

そして二月二十八日に、伊丹小学校の講堂で、校長会、市会議員さん、教員組合の先生方もおいでくださり、自労の組合員、日雇い母の会全員で、百名ぐらいの大懇談会を開きました。校長先生は「とりあえず今年は古い教科書をもらい集めよう。なんとしても本を買えないのは困るから」といってくださいましたが、教組の若い先生は「失対の子だから古い教科書でがまんさせることはけしからん。新しい教科書代を市からださせるようにしよう」といってくださり、みなさん賛成で、市長に「失対の子どもに教科書代をだしてやれ」と申入れ書をだすことにしました。

それから三日目に、市役所へ私が要求書を持って行きましたら、市長と助役は笑いながら、「高井さん、えらいことやな、私は各方面から申入れ書をたくさんもらいました。お金はいくらいるのですか」とたずねられたので、私は日雇い母の会の貯金通帳をだして見せました。市長は二万三千円の貯金を見て、「なんぼたりないのですか」ときくので、「十万円たりません」と答えました。お二人とも笑いだして「足らんほうが五倍も多いのだね。万歳かんじょうだな。だけど金はだしましょう。伊丹の子どもはみんな私の子どもだから」と市長がいってくださいましたので、私はやっと胸をなでおろしましたが、あとがちょっと悪かったのです。

要求書をだしたのが、予算議会の終ったあとだったので、金をもらうことができなくて、貸付金になりました。市長は私に、「議会がすんでしまったので、今年だけはあんたの名で借りてください。来年からはきっとただであげますよ」と約束してくれました。貧乏にかけては日本一の私だけど、十万円もの大金を、たのむから借りてくれといわれたのははじめてでした。あとで考えると、第一回分を私の名前で借りたので、朝鮮の人の子どもにも平等にわけてあげられました。国籍差別の壁をはじめから破ることができました。それは二十九(一九五四)年の三月でした。伊丹市は文部省より十年早く、ボーダーライン層の子どもに毎年教科書代を予算化するようになりました。

託児所と乳児院

母親たちは、教科書代をたたかいとったので自信がつき、阪神間で伊丹だけが日給が安いのはけしからん、なんとしても賃上げさせようと話しあい、三十六人の母親たちが、三カ月間家計簿をつけることを申しあわせ、私は阪神五市の物価指数を調べました。そしたら、五市のなかで伊丹が一番物価が高いことがわかりましたので、県へも労働省へも資料を送り、賃上げを要求して、三十(一九五五)年四月から二百四十円の日給にあげさせました。第二組合へ行ってた仲間もだんだん帰ってきて、組合の力もだいぶ大きくなり、三十年の年末には越年手当も六千円たたかいとりました。

もう一つ報告したいのは、託児所と乳児院をつくらせたことです。伊丹市内の有岡乳児院に赤ちゃんをあずけている人が十人おりましたが、保育料もとどこおりがちで、おむつのかわりもないので、保母さん方にも大変めいわくをかけていました。それで女の人同士で相談して、おむつを百枚集めようというので、朝、おむつ大会を行い、一人が一枚おむつを持ってきてくださいと訴えましたら、翌日、はやばやとおむつが集まりました。調べてみましたら、三百枚ありました。一人ではおむつのかわりもない人たちが、団結すれば一日で三百枚も集まると、私はおむつの山を見て嬉し泣きに泣きました。

その日はちょうど三月八日で国際婦人デーでしたので、日ごろご苦労になっている保母さんにお礼をいおうと、阪上婦人部長といっしょに大ふろしきにおむつを背負い、花束と感謝状を持って乳児院へ行きました。主任保母さんが、長年保育の仕事をしているが、花束や感謝状をもらったのははじめてだと、とても喜んでくださいました。

しかし三十年ごろは、伊丹市に託児所と乳児院が各一カ所しかなかったので、失対だけではなく、市内の働いている人たちも子どもをあずかってもらえぬ人ができて困るようになりました。そこで、いっそ託児所を寄り場のなかにつくってもらおうという話になり、毎日かわるがわる子どもをつれて民生部へたのみに行って、三十一年の春、組合事務所の前に、バラック建てでしたが、四十人ほどあずかれる思ったより広い託児所を建ててくれました。保母さんも、主任保母さん、副主任のほかに助手が八人、昔の高等女学校出の仲間の人がなりました。洗濯やそうじをする人も二人いましたので、よその託児所の保母さんからうらやましいといわれました。

託児所はできたが、三十三年ごろ乳児院がないので困りました。市立の乳児院もベッドが足りなくて、あずかってもらえない赤ちゃんを、生後一週間ぐらいから連れてきて働く人がふえてきました。よその班長は子どもを仕事場へ連れてきてはいけないというので、「公園へ行けば高井がいるのでなんとかなるだろう」といって、伊丹公園現場の養生班へ赤ん坊をおんぶしてくる人が多くなり、十一月には十三人の赤ちゃんを私の班であずかることになりました。朝夕の風は冷たくなるし、子どもにかぜを引かせては大変と、班長の私は心配でなりませんので、しかたなくお母さんたちと相談して、赤ん坊を十三人おんぶして、助役室へ行きました。

「この子たちも同じ人間の子であるのに、なぜ風の吹きさらしの公園で寝かせておかなければならないのか、私たちはがまんできません。助役さんのお部屋は広くてあたたかいから、今日からここにあずかってください。休けい時間におっぱいを飲ませにきます」といいましたら、助役さんもおどろいて、「今日のところは子どもを連れて引きとってください。さっそく建設課にいって建て増しをするから」との回答でした。次の日から工事がはじまり、二週間で畳三十枚ほどの乳児保育所ができました。毛布、ハンモック、ストーブつきでした。その年の三月三日には市長からひな人形も買ってもらい、子どもたちだけでなく、母親もはじめてひな人形を持った喜びを味わいました。

そして貧乏ひまなしの毎日でしたが、団結力はますます強くなりました。私の家でも子どもは大きくなって、つぎつぎと高校へ上がったり、就職したり、結婚したり、めまぐるしく変っていく毎日でしたが、こうした毎日のたたかいがとてもたのしかったのは、はじめは私を赤だ、国賊だといっていた人たちが、なんでも相談してくれるようになったことでした。

はじめには　赤だ赤だときらわれて　今は仲間のまんなかにいる

私たちは　犬ふぐりの花のように生きている
ふまれても　けられても
失対の小母さんたちは強い
二月の風は冷たくても
まっ白い霜の下でおき上がり
美しいむらさきの花が咲く
それは犬ふぐりの花
しっかりと手を結びあい　生きている
今年も　来年も　その姿は変らない
変るのは　年をとるほど強くなることだ
犬ふぐりの花は　いちだんと大きく　輪をひろげてる

和喜蔵三十年祭

昭和三十(一九五五)年八月二十日、東京で細井和喜蔵の三十年祭が行われ、つづいて全集がでました。私なりにたたかってこられた心の支えだった『女工哀史』と、夫和喜蔵の思い出が、ここに出席して新しくわき起ったのですが、細井の故郷に顕彰碑が建てられたので、除幕式にも参列できて、生きていてよかったなあとつくづく思いました。

細井の死後、私はなん度か死のうと思ったけれど死ねなかった。そして再婚したけれど、高井も一年のうち三分の一は牢屋ぐらしでした。貧乏と戦争で、ふんだりけったりの生活で、よくも今日まで生きてこられたと思い、その時の喜びは格別でした。丹後の宮津の町長さんや議長さん、地労協の人や青年代表、女工さんや教員組合の先生たちの、あたたかい心づくしの集会や夕食会、しのぶ会などでお話ができ、私の話もきいていただきました。

加悦《かや》小学校の体育館の集会は満員の盛況で、そこで私はあいさつしましたら、大変な拍手でした。全日自労の人たちとも懇談会をし、地域婦人たちとも話しました。そして細井の母が入水した山の池やお墓へも行きました。生家では、細井が「小さい時にいたずらをするとおばあさんに怒られて、家の前の柿の木にしばられた」といっていたその柿の木は、老木なので枝が半分枯れていましたが、根本はとても太く、堂々としていて、木登りができたら登ってみたいと思いました。お墓は、細井家が死にたえてから三十年以上になるのにきれいにそうじされ、一人のおじいさんが毎日のようにお花をそなえ、お墓守をしてくださっていたことをきき、故郷の人びとのあたたかい心がジーンと私の胸をうちました。

この時からあとも、毎年のように招待をうけて、なん回も細井の故郷をたずねましたが、村の青年団のなかに劇団ができていて、細井の書いた『無限の鐘』などの作品が劇化され、上演されて、いつまでも故郷の人びとのなかに細井が生きていることは、本当にありがたいことだと思っています。

和喜蔵の　生れし家にきてみれば　祖母にくくられしといいし柿の木太く
水かける　墓石は古くこけむして　水死せし母しのび涙す

若くして　投身自殺せし母も　女工哀史の一人なりしか
はるけくも　来にけりわれはすぎし日に　夫よりききし橋立の海に
世はうつり　人は変われど故郷の　山の如くに思想は高き
夜業終り　帰れるわれにあつき茶を　君は手ずから飲ませてくれしが
わがぬいし　木綿の着物喜びて　おどり上がりし君なりき
忘れようと　思えば今も目に浮ぶ　かえらぬことのかずかずのこと

　無知からめざめて
私は十三《ママ》歳から働いた
紡績工場の女工だった
小さな小さな女工だった
いつも職制にいじめられ
工場の便所へかくれて泣いた
私は小さな女工だった
日かげに咲いた花だった

二十の時に結婚した
この世ではじめてめぐりあった
一番やさしい人だった
やさしい　やさしいその人も
私を残して　死にました
たった　四年のそのうちに
はじめて知ったいろいろのこと
人の暮しのあり方や
人を苦しめる資本家や
団結してたたかっている人びとのことや
革命ということばまで
そして　今まで生きてきた私は
知ったことばを行動にして　生きてきた

食わなんだり食わなんだりの記

ここらでちょっと、私の日記を発表いたしましょう。私の日記は仲間と同じ、低賃金の食わなんだり食わなんだりの泣き笑い人生のひとコマです。

昭和三十（一九五五）年

六月一日

毎日、同じ道を歩いているとだんだん足が早くなり、今では伊丹まで二十分で行けるようになった。地労協から基地反対の署名用紙がきていたので、執行委員が手わけして署名を集める。私は二百名分持って現場へ行き、昼休みに三十五名書いてもらった。夕方はより場で仲間によびかけて、今日は百四十六名の署名が集まった。

夕方バスの乗場で愛子に会ったら、先月二十五日から身体の具合が悪くて、医者通いとのことだった。若いのに夫婦ともレッドパージで失業して、貧乏している。かわいそうな娘よ。自愛せよ。金がないのでなにもしてあげられないので、夏みかん三個買ってやって別れた。

西村さんの傷病手当金も早くもらってあげたいが、保険課ではもう十日待てといわれる。だれかに借りられないかと考えてみても、どちらをむいても、夏のはじめに秋風が吹いているのであてもなし。私はリュウマチで足が痛いので、イルガピリンの注射をつづけたので、胃が悪く食欲なし。今日は大根おろしで夕食だ。昔の医者、貝原益軒という人は、薬より養生といったけど、せめて一カ月でも生活の心配なく、おいしい物をたべ、休んだらと思うが、物価は高く日給は安く、毎日自分の骨身をすりへらして生きている。たこ足暮しだ。卵と大根、だしジャコを買って、足が痛いので電車に乗って帰った。

六月二日

今日はあぶれなので洗濯をする。やっぱり家の仕事はたのしい。基地反対署名を集めるために伊丹へ行く。西村さんの傷病手当請求書を市役所へだして、今日中に金をだすようにたのむ。昼休みに現場事務所へ行き、事務所内全員署名してもらえた。

それから市役所へ行き、西村さんの傷病手当金を受けとり、病院へ届けたら、西村イサノさんは涙を流して喜び、ありがとう、ありがとうといってくれました。基地反対の署名をたのんだら、西村さんは「恥しいけど字はよう書かん」とことわるので、西村さんの手に私の手を重ねて書いてもらいました。「ニシムライサノ、ほら、これでいいですよ、ありがとう」といったら、西村さんは「今度退院したら、字教えてつかあさい」というので、「ほら、お国言葉がでたわね、早く退院して、公園でいっしょに働きましょう」といって、帰りに組合事務所へよったら、ウィーンアッピール〔一九五五年、ウィーンでの世界平和評議会における原水爆禁止の呼びかけ〕の用紙が五百名分もきており、私の仕事は次つぎいそがしい。今日は丸安市場の特価日なので買物いろいろ。

バター　二十七円、かしわすき身　三十円、卵　二十円、ビスケット　二十円、ヤサイ二十円、イチゴ　二十円。

六月四日

朝から署名用紙とカンパが執行部へあがってきた。夜、執行委員会で夏期手当の要求書をだすことを決定した。昨夜美世子とけんかしたので、帰りのおそいのが心配だ。勝子が友だちの阿賀さんと夕方市場へ行って、魚焼きのあみを買ってきた。自転車を借りてけいこをして、乗れるようになったと喜んでいた。ちょっと気のきいたことをする子だと思った。私は親ばかさん、ささいなことでも嬉しい。

卯の花の　匂いさびしき道行けば　ゆうべのあらそい老いの身にしむ

六月八日

今日は朝から雨降り、早目に安定所へ行ったら、仲間の半分は現場へ行き、半分は安定所へ残っている。「なんや、あんたら盆も近づいたのに、半分半分に分裂してあかんがな。おまはん西へ行くの、わては東へ行こか、といっとったらあかんで。そないに早うあきらめんと、現場へ行って仕事よこせいうて、がんばりましょう」といったら、おっさんのなかには「あかんで高井さん、こう雨がきつうでは仕事できせんで」という人もあったので、「あんた、早うみんなといっしょに行って、仕事ができんでもめし食わんとおられんことをいって、せめて日給の半分でもだしてもらうように交渉しよう。もっともあんたはめしやのうて酒やったな。ぜにがないと酒ものめへんで。さあ行きまひょ」と手をひっぱったら、おっさん、ニガ笑いしながら「よっしゃ、ほなら高井さんと道行きしましょ」と立ち上がったが、実はおっさん、傘がなかったし、アル中で元気がなかったのでした。

この人も兵隊でぼけてしまった哀れな日本人なのかと思い、「おっさん、家どこや」ときいたら、「家がおまへん。戦地から帰ったら親も家ものうなってなあ、なにもなしのずんべらぼうです」「おっさん、早く組合を大きく強くして、県や市にぎょうさん家を建てさせましょう。国民が家もなくて野宿しとるのに、外国の軍隊までやしなってるんやで。おっさんも男なら怒らなあかんで。みんなでがんばって、一級酒がのめるだけの金をとりましょうよ」といいながら、二人とも半身ずぶぬれで現場へ行った。相合傘でぬれて「おそうなってすみません」といったらぱちぱちと拍手もあり、「貧乏人はええとこあるなあ、ほんまに今日は市長が金ださなんだら、夜通し座りこんでも負けるものか」と思いました。

現場事務所で二時まで交渉しても、雨が降って仕事ができへんというばかり。とうとう怒ったおっさんたちは、全員市役所へきました。「どないしてくれますのや」と小母さんたちも市長室へはいってきて、身動きできんほどになりました。そして今日も、貸付金百五十円だしましたが、みなみな「あほらしいな、百五十円では米買ったらおかず買えせんで」とぶつぶついって帰りました。

本当に家のない人が今の日本には大ぜいおるのに、政府の人たちも、政治家といってる人たちも、なにを考えて兵舎や兵隊をつくるのだ、憲法も守らん政治家どもには日本国をまかせておけない、と思いました。

家に帰ったら雨もりがひどく、夜は美世子と勝子と三人で押入れで寝ました。完治は一人で台所の押入れで寝ましたが、寒くないかときいたら、「僕男の子だよ、面白いよ」と笑っていました。実は私も、押入れで寝るのも風流だなと思って、勝子は久しぶりに母親と姉ちゃんといっしょで喜んでいました。

でんでん虫　お前は本当にしあわせ者　生れた時から家持っていて

六月十日

今日は東野の市立農園へ仕事に行ったら、現場へついたとたんに雨が降りだしたので、納屋へはいって話をしていたら、班長が「豆むしりをせよ」というので行ってみると、一番日給の安い女の人が五人だけ、市の常雇いの人と仕事をしている。「男も女も同じ失対の日雇いや。どうして女だけ豆むしりさせるのや。女だから差別するのか」といったら市の職員が「まさか男に豆むしりもさせられんので」というから、「私たちは失対です。あんたから仕事をいいつけられる必要はありません」といったら、「私はここの所長で農業技師だ。今日はここの予算で日給がでているから仕事をしてもらう」というので、「班長さんほんとうですか。ほんとうなら市役所の会計課と職業安定所へもきいてみんならん」といいました。

班長は困って、「わかった、わかった、もうええからむこへ行き」というので、いじわるの私は「いえ所長さんが日給払ってやるといわれたので働きますよ。私は働くの大好きです。だけど昔から差別されるの大きらいですから、ちょっときいたんです」といったら、「ちょっとがそれだけいわんならんのか。こわい人やな高井さんは」。「まだありますよ。この人たちは五人ともうちの組合員ですから、差別されんように私といっしょにむこうへ行きますよ」と五人連れて納屋へ帰りました。男の人たちが「なにかあったのか高井さん、こわい顔して」ときくので、「どうもこうもあるものか。女だからと差別しやがって、技師かなんか知らんけどいばりやがって」と私はかんかんだった。

六月十五日

朝、第二組合の早田さんから「夏期闘争はいっしょにやろう、うちの委員長は反対したのでやめてもらった。三百十五円の二百日分の要求だ。十八日に合同の執行委員会を行いたい」との申し入れだったので、無条件で賛成しました。みんな喜んで、異議なし。働く者はみんな同じに困っているから、いっしょにやるのが当り前やのに、今までべつべつみたいに考えていたので、そんをしたといった。川根さんが「今まで高井さんにばかり苦労をかけたが、やりまっせ。伊丹の婦人部は阪神間の仲間に負けんようがんばります」といったので、私は嬉し涙がでました。

昼休みに今日の新聞を仲間と見たら、戦犯荒木の出所がでていたので、みんな怒った。「戦争を命令した奴が今ごろでてくるんか、あほらしい。殺られた者は浮ばれん。それやったら東条もどこかで生きているかも知れへんで。戦争中に殺された兵隊や、空襲で死んだ者は死にぞんや。犬死や。その上失対には、盆も正月も予算がないといって、雀の涙ほどの手当もださんと」といって、昼からは仕事も手につかないで、けんけんごうごうとさわいでいた。さすがの班長も「本当にあほらしいのう。私も兵隊で行ってた時には上官に頭が上がらなんだ。ちょっとしたことでもビンタもらって頭がぼけてしまった」といって考えこんでおり、仕事せよともいわなかった。やっぱり思いだしたら口惜しかったのでしょう。

六月十七日

今日はあぶれなので、伊丹の勝田さんのところへ行くと、日本母親大会の報告会をするように、尼崎の瓜生さんから連絡があったといわれた。ぜひ伊丹市の母親に知らせたい。「井の中のかわず大海を知らず」というが、せまい伊丹でなんぼりきんでみてもたかが知れている。尼崎や西宮の話をきいて、みんなでよく話しあって、目的や目標をきめてから来年の母親大会に参加するように二人で相談した。

伊丹の市場で買い物をして帰ったが、あぶれたので、子どもたちにおやつも買えない。おみそ 二十円、ねぎ 五円、とうふ 十円、合計 三十五円。

七月十日

今日は近くで楽な仕事だったが、田んぼのなかに広い道をつくりかけて、途中で止っている。それでも草をとったり、バラスを入れたりしている。なんのために金をかけて広い土地をあそばせているのだ。考えてみたら、この道は、千僧の保安隊の前からはじまっている。いずれは尼崎の国道までのびるのだ。お百姓さんから田畑をとりあげ、私たちの汗と油を絞りとって、こんなむだをしているのだ。うかうかしてはいられない。いつの間にか再軍備をして、いまわしい戦争をたくらんでいるのだ。私はもっともっと勉強して、仲間の人たちを説得できるようになりたい。

夜は娘たちと学習する。『人間の歴史』は面白いし、わかりよかった。あらためて遠い昔の生活を目前に見るようだ。私の小さい時でも、祖母や母は石臼であずきや麦粉をつくってたべさせたり、出産の時も暗い納戸の室のすみで赤ん坊を産み、産湯も自分で使わせていたので、私は石器時代の話を読むと、母を思いだしてなつかしくなった。

八月二十日

八月はじめに、国民救援会の難波英夫(2)さんからのお手紙で、東京青山の日本青年館で細井和喜蔵の死後三十年祭をとり行うことを知らされ、十八日の命日に参加するために、十六日の夜汽車で上京した。朝早く東京駅へ着いて、出迎えてくださるはずの山本喜三郎さんを探したが、運悪くテレビのロケがあり、ただでさえ混雑する東京駅で、田舎者の私は迷い子のようにうろうろするばかり。しかたなく鉄道公安室へ行ってきいて、タクシーに乗ったら、一分ほどで山本さんのお店の前だった。奥さんは小柄な美しい人で、お店は高架線の下で洋服屋さんでした。

私より五分ほどおくれて帰ってきた山本喜三郎さんは、三十年前に、私が細井の使いで本所みどり町の山本忠平さんのお宅をおたずねした時にお会いした弟さんでした。「お兄さんのこと残念ですねえ、私はずいぶんお世話になり、いっしょに酒をのんで、浅草あたりを二人で歩いたのに」と思い出話をした。山本さんは私のためにほうぼうへ電話で連絡してくださり、夕食をいただいてから、柿の木坂の金子さんのお宅まで送ってくださり、その夜は金子さんのお宅で泊めていただいた。十七日は和田本町の山田清三郎さんのお宅で泊った。久しぶりに上京した田舎者の私は、在東京の細井の友人たちのあたたかいお心づかいで、無事に十八日は青山の青年館へ行った。出迎えてくださった藤森先生と久しぶりのあいさつをした。

八月二十九日

二十二日の朝、東京から帰ってから足が悪いため毎日休んでいる。だれかきてくれんかなあ、おしゃべりがしたい。おいしい物がたべたい。昨日は愛子がきてくれて、魚や野菜もケーキも食べさせてくれた。さすがは大きい姉ちゃんだ。ありがたかった。

昼から、家に出入りしていた丸島さんに伊丹市の外科病院へ自転車で連れて行ってもらって帰ったら、「婦人民主新聞」がきていて、一面に大きい私の写真がでている。青山のお墓の前の後姿が、思ったより美しく若々しい。テレビにでていた私の墓詣姿だ。後ろ千両、前びっくりの私は、ああよかったと思ったが、さすが映画技師は頭がいいと、子どもたちにひやかされた。今日は本当によい日だった。

九月十五日

米屋さんも大分借りているし、勝子の給食代も持たせてやらんとかわいそうだが、今日あぶれたので金はなし。信子に相談したら、給料の前借りしてくるといってくれたが、二人顔を見あわせて「蛸足ね」といって笑った。やっぱり私は日本一の貧乏人だ、といったら勝子は、なんでも日本一ならえらいよと笑っておった。この親にしてこの子ありか、あきれた母子だと、われながらあきれ果てた。

新聞紙上では、砂川基地のたたかいの記事と写真が大きくでている。アメリカの基地のために日本人が反対運動をするのは当り前なのに、日本人の警察官がおそいかかり、血を流してたたかっている。日本の警察官をやしなっている国民をばかにした話だ。警官はみんなくたばってしまえ。アメリカの人殺し野郎、鳩山のばか野郎、重光のモーロク、早く死んでしまえ、と一人で怒ってみてもなにもできない。やっぱり一人で走りだすこともできんから、仲間とともに要求闘争をしよう。そのなかから政治的に目ざめていくのだからと思う。急がばまわれという言葉もある。

九月二十七日

完治は芦屋の本屋さんをやめて、豊中駅前のとうふ屋さんで働いていたのに、いつの間にやらいなくなったので、心配していたら、夜中に帰ってきたので安心した。この子は一人息子で、八歳の正月に父親と死別、二人の兄は、一人は幼児で、一人は九歳で死亡して、三人の姉と一人の妹で、女ばかりで話相手もなく、母親の私は年中いそがしくてめったに顔をあわすこともなかった。だから完治は、仕事がつらいともいやになったともいわずにつとめ先をやめて、青い鳥を探し歩いたけど、やっぱり思うような仕事も見つからず、家に帰ったのだった。女の子はなんでも私に打ちあけて話してくれるが、息子は無口でなにも話してくれないのを、鈍感な私は息子の気持を理解できずにいた。おろかな母親だったと思い、息子の寝顔にわびています。

九月二十九日

台風の影響で朝から雨降り。失業保険がないので、職安へも行かなかった。仲間たちが仕事にでられたかどうか心配だったが、ひとごとでなく、一文なしの私は身動きできず、信子に百円借りておかずを買った。毎月、米代や電気代は信子と美世子にだしてもらっているので、おかず代や交通費を借りるのはわが子だからと甘えては申しわけない。一人で家にいると、完治のことばかり考えて心配になる。

家も古い借家で、家主がけちんぼだから、雨が降ると大水がでる。座る場所もないほどの雨もりだ。入口の戸も錠がこわれているので、夜も昼もかぎはかからず、荒れほうだいに荒れた家だから、空家かとときどき人が見にくる。美世子は傘をさしてトイレにはいるし、バケツやたらいやなべやどんぶりまでだして雨もりの水を受けたら、勝子は笑ってドレミハだ、雨の音楽会だという。

今の日本では家のない人がたくさんいて、夜寝るところのない人もある。現に伊丹の仲間にも、十人以上の家のない人が毎夜野宿している。困るのは私たちだけでない。家よこせ運動もはじめた。どんなに困難なたたかいでも、仲間が大ぜいいることは心強いと思う。

雨降れば　バケツとタライの音楽会
月夜には　家のなかで寝ていて　月見ができる家
キラキラかがやくお星さまと話をしていたら
風が　冷たい手で顔をなぜて行きました
まったくすばらしい　魔法の家です

九月三十日

昨日から台風がきそうで、夜も安心して眠れなかったが、今日は天気になって助かった。家をなおしたいが、屋根だけなおしても五万円かかるといわれて手も足もでず、柱の根本は白蟻に食われてぼろぼろで、自動車が通っても地震みたいにグラグラゆれる。家主になおしてくれといったら、「安い家賃でお貸しして、高い税金をとられているので、家の修理は住んでいる人がなおしてください」といわれた。

ここの家主さんはけちんぼだけでなく、考え方も世間一般とはだいぶ変っている人で、ジェーン台風で屋根瓦が吹きとばされて、借家全部百軒が、空から大水がついた時にも、借家人組合の委員長の私が「屋根をなおしてください。瓦の買いつけにいっしょに行きましょう」といったら、家主の奥さんは「こんな大風を私の主人が吹かせたのとちがいます」というので、さすがの私も、上には上のあるものとしっぽを巻いた。借家人組合の人びとに相談し、人民管理で屋根をなおして、その費用は家賃でさし引いたので、事実上の家賃不払い同盟が一年以上つづいた。そのうちに税金が払えなくて、不動産である土地を税務署にとりあげられたので、借家人に家を売るといっている。

十月二日

今日は塚口小学校の運動会。六時に起きておべんとうをつくる。昨日卵や栗を買ったので、のり巻をつくった。勝子は六年生だから、小学校最後の運動会を有意義にたのしい思い出にしたいと、姉ちゃんたちもチョコレートや岩納豆を買ってくれた。八時前なのに喜び勇んで行きました。そのあと雨が降りだして、どうぞ今日だけは雨さんも休んでください、運動会が中止になると、私たちは二度目はなにもしてやれないと心配しておったが、そのうち雨がやみ、曇り空ながら運動会もやっと終った。

白い運動服

よく晴れた秋空の下での道なおし
明日は勝子の運動会だ
たとえモンペはぼろぼろでも
あの子の運動服は買ってやりたい
夕方日給もらったら
おかず代を節約しても
買って帰ろう　白い運動服を

十月十三日

昨日の夕方、伊丹で高橋夫妻に会い、勝子のくつ下と虫下しの薬を買ってもらった。美世子も風邪引きで休んでいるし、金はなし、困っていたら信子が、前に病気で休んだ時の傷病手当二千円もらったからと、千円くれたので助かった。そして私に病気の時ぐらいゆっくり休みなさい、といってくれたので、老いては子にしたがえと考えて今日も休んだ。一昨日から二日間、映画のキップ売りやら受けつけやらで忙しくて風邪を引いたらしいが、健康保険を切りかえられて、十一月まで医者にもみてもらえない。私が東京へ行っている間に、全国一律の保険に切りかえられてしまったのだ。病気で休んでも、政府のつくった保険では傷病手当ももらえないのだ。私たちが一年間もたたかってつくらせた伊丹市独自の健康保険を、勝手に政府のに切りかえてしまった。労働組合はなんのためにあるのだ。一人で怒ってみてもあとのまつりだ。

十一月二十一日

今日はみどりが丘の総監部前の道路なおし。草をとったり、小石を道にいれて平らにならしたり、自動車やトラックのあい間に仕事をするので、危なくていやだった。

二時ごろに、楽隊を先頭に三百人ほどの兵隊が旗を持って堂々と行進してきたので、仕事を止めて見ていたら、兵隊の後からトラックみたいな大きな自動車が三十台もきたのでおどろいた。兵隊は頭の先から足の先までただの支給品で身をかため、鉄砲持って、三度の食事も全部親方日の丸で月給もらって、ちょっと考えるとうらやましいみたいだが、よくもこれだけばか者がいると思うと情けない。原子爆弾がある世界で、生身の兵隊が鉄砲持ってなにができるのか。日本の憲法には戦争しない、戦力を持たない、外国とはなにごとも話しあいで解決する、と明記してあるのに、なにも知らん。おもちゃの兵隊みたいだ。それでも一人何百万円もかかるのだと思ったら、ばからしくて仕事する気はなくなった。

班長をつかまえて、「あの兵隊は一人当り一年でどのくらい金がかかるのでしょう。なんで兵隊や軍隊が必要なのでしょう」と難問をつづけていたら三時すぎてしまったので、班長が「今日は自衛隊のおかげで、高井さんに大分絞られた。自衛隊かなにか知らんが、俺の知ったことでないのに」と怒っていた。ふだんえらそうにしているので、ちょっと質問ぜめにしてみただけなのに、本気で怒っていた。

家に帰り、夕食のしたくをしていたら、美世子が「はい、おみやげ」と包をくれたのであけてみたら、花もようの美しいあたたかそうな毛布だった。「一日おくれたけどお誕生祝よ」といわれて、「ああそうだ、昨日は私の五十三年目の誕生日だった〔著者は十月二十六日生れなので記憶違いか〕。ありがとう美世ちゃん。私は生れてはじめて、美しい毛布を着て寝るの、あたたかそうだね。嬉しいわ」といって思わず涙ぐみましたが、美世子や勝子に顔を見られるのが恥しいので、あわてて台所に行った。

昭和三十一(一九五六)年

四月二十一日

今日は堀池の近くへ仕事に行った。村井さんの班だった。十時すぎたら班長と男の人が五人、どこかへ行ってしまった。福井さんは医者へ行ったが、ほかの四人は班長と酒のみに行ったらしいとわかっていても、女の人はだまって働いている。昼食にも帰らず、とうとう三時になった。市役所の見まわり監督が二人きたが、女の人はみな知らん顔している。そこへ班長の村井さんが赤い顔して帰ってきた。班長があんなことでいいのか、と監督に私がいったら、注意しときます、というだけだった。そして夕方窓口で見ていたら、あそんで酒をのんでいた男の人は日給二百三十円で、まじめに働いた女の人は二百円で、百七十円の人もあった。第二組合の役員なら、あそんでいても見て見ぬふりで、監督さんがきいてあきれる。

こういうやり方も分裂工作の一つなのです。みんな貧乏のどん底で、なにかいうとにらまれるので、だまって十円でも日給の多い第二組合へ行く人の気持もわかるような気もしますが、だんだん目ざめるように説得して、いつの日か組合を統一し、明るい職場にしなくてはと、今日も一日がまんの日でした。

百円で　三度のおかずまかなわんと　市場のなかを三度まわりぬ

四月二十二日

昨日のことを根に持って、今日は私を班から追いだした。監督たちは自分たちに落度があると私に当り、なにかあるたびに私をじゃま者あつかいして、結局私は毎日たらいまわしされるので、有給でオルグ活動ができるので、なにがしあわせになるかわからん、ありがたいと思いました。

今日は大井の班で千僧へ行った。ここも自衛隊の兵舎を建てるので、整地作業だった。

おばさんたちは口惜しがり、「戦争に負けて、私たちをこんなに困らせながら、しょうこりもなく兵隊を集め、軍隊をつくるのやで、あほらしい」という人や、「いや、国がある以上軍隊がないと外国ににらみがきかん」という男の人に、「あほやな、今さらにらみきかんて、日本は敗戦国やで、だいたい男の人が弱すぎるのや、ほんで敗けたんや」。仕事を忘れてのいいあいで、私も「面白いなあ、女の人なかなかいいことという」と思いました。

その時、一人の朝鮮の小母さんが、「日本人同士でけんかしてもあかんよ。しっかりせんと、今に日本はアメリカに魂までもとられてしまうよ。私の国も日本にとられる前は、水も美しかった、米もおいしいのがたくさんとれた。昔は朝鮮人は、今よりもっともっとしあわせだった。今は私ら生れた国へも帰られせん。お墓まいりにも行けないよ。朝鮮人でも、朝鮮の言葉もいえん人もおるのやで。日本人は、昔は朝鮮人に、朝鮮語いわんと日本語いうように日本言葉の押売りまでして、いうことききかんと長い竹でなぐりよったのやで」といったのは金おばさんでした。ふだんはおとなしくて話もしない人なので、私は、金さんは外国人だから日本語はいえないのだと思っていたので、びっくりしました。その時ばかりは監督も仲間も、だまって金おばさんの話をきいていました。

五月十三日

今日岡本さんが、「えらいすみませんが、第二組合へ行かせてください」というので、「なんでかね」ときいたら「第二組合へ行くと日給が十円上がります」といって、きまり悪そうだった。そして「班長が第二組合の役員さんなので、毎日顔を見て働くのがぐあいが悪いから」というので、「しかたありません。あんたのつごうのよいように」といったら、「本当にすみませんなあ」といって、きまり悪そうに頭を下げておった。この人たちの身になればむりもないと思うが、人の弱味につけこんで、差別賃金までして、働く仲間を分裂させようとする市役所の態度は絶対に許せない。今に見ておれ、全員伊丹自由労働組合に結集して、裏切者や市役所や監督をあっといわせてやるぞ、と心にちかいました。

五月十六日

今日の夕方、久井さんが泣いているので「どうしたの」ときいたら、昼休みに班長の手かけとけんかして、こじきといわれたので口惜しいという。私は笑いながら、「私たちは貧乏だけど働いて生活している。こじきやどろぼうしないために、苦労して生活を守っている自由労働組合の組合員である。あんたは私と一心同体である。今度はがまんしなさい。二度と同じことをいったら私が相手になって、班長ともどもみんなの前でつるし上げてやる」といったら、久井さんもようやく涙をふいて帰った。

久井さんはご主人が病気で働けないし、二人の子どもが小学校へ行っているので、生活がとても苦しい。毎日仕事にでてくる前に、夏は朝四時ごろから鉄くず拾いに行ったり、あぶれた日にはたのまれ物の針仕事をしたり、夜も昼も一生けんめい働いているが、それでも親子四人たべるのがやっとで、とても着る物までは手がまわらず、いつもぼろぼろの身なりで働いているのでこじきだなぞといわれる。私も西宮でこじきとまちがえられたこともある。

事情を知らない市民のみなさんは、失対はいやらしい、汚ない、こじきみたいだ、この間セーターを干しておいたらなくなったが、失対がとったんとちがうか、なぞといわれるが、私たちだって、好きで貧乏したりぼろを着ているのではない。日本一安い日給で、お茶炊く水もたき木もくれず、失対労務者の三分の二は女の人なのに、便所もない。ある日、新伊丹の公園へ仕事に行った時、やっぱり便所がないので、近くに交番所があったので、私は十時の休み時間にトイレ貸してください、とはいって行ったら、おまわりさんは渋い顔をしていたけどいけないといわなかったので、仲間の人たちに、おしっこは交番の便所へ行きなさいといったので、かわるがわるトイレを借りに行くので、ポリさんは入口に錠をおろして、どこかへ行ってしまったことがあった。

それからは市役所の近くへ行った時や、市の助役や市長の家の近くへ仕事に行った時は、水とトイレは借りに行った。名づけて「水よこせ闘争、便所つくれ闘争」といったものだった。

五月二十七日

今日は御願塚《ごがづか》のジャリ引きの仕事だった。バラスや小石を大八車に山盛り積んで、女の人が三人で引っぱって行き、道の穴うめをする仕事だ。昔は大八車に米や炭を積んで、牛や馬に引かせたものだった。今では、たいていの事業現場ではトラックで重い物をはこぶのに、伊丹の失対では人間の女が車を引っぱって、一日働いて日給が百七十円から二百円。同じ仕事をしても人により賃金がちがう人もある。名づけて顔つき賃金という。ちょっと若くて小ぎれいな人や、ゴマする人は日給が二百円だったり、まじめに働いても、私のように労働運動したり根性のある人は百七十円で二年間すえおきだったり、でたらめである。

この班に一人ノイローゼの人がいる。いつも一人ごとをいっているので、よくきいてみると、「十万円あったらお召の着物を着て、ハカタの帯をしめられる。美しくしていればうちの人も怒らないだろ。めんどうくさいから頭へツルハシぶちこんでやろか。まっ赤な血がいっぱいでたらきれいだろ」なぞと一人ごとをいうので、みんなこわがっている。

五月三十日

昨日あぶれたので一文なし。しかたなく歩いて行く。今日は二十九日の失業保険金が百四十円もらえるので、日給と合計四百円だった。勝子の給食代三百二十円払うと八十円しか残らない。ショウ油も切れているけれど、八十円では買えないから塩十円買う。

夕方、常岡病院に入院中の西村イサノさんを見舞う。花も買えないので、公園に咲いている平戸の百合を一本失敬して持って行く。なぐさめてあげるつもりだったのに、二人とも泣いてしまった。西村さんは広島の人で、親兄弟も子どももない一人ぽっちだ。

病気は原爆症かもしれないといって泣いていた。胃腸が悪く、おへその上を十センチほど切ったといっていた。だれ一人きてくれる人はないといっていたが、あのいまわしい戦争さえなかったら、これほどまでに不幸な人びとが多くはできなかっただろう。

それにしても、教育のまちがいのおそろしさを考え、二度とあやまちをくり返してはならない。今泣いている西村さんでも、自分の不幸の原因が、戦争をしかけた奴らのせいだとは思っていない。自分の前世の因縁が悪いからだといっていた。天皇制軍国主義の教育毒を頭にいっぱいつめこまれた日本人の根性は、薬中毒よりおそろしい。「高井さん、またきてね」と泣いていたので、名残りおしかったが、勝子が待っているので帰った。

十一月二十七日

今日も歩いて行く。電車の走るのを見るとしゃくだから、別の道を行く。お昼におかずなしで豆のご飯だけど、やっぱりさびしかった。川根さんが昼休みに、「働いても働いても満足に米も買えない。もう生きているのがいやになった」というので、みんな「ほんとうにそうだ。働くのはいやでないが、せめて三度のご飯ぐらい満足にたべたい。

育ち盛りの子どもたちに、魚もめったにたべさせられない」とでてくるのはぐちばかり。

それで私は「私たちは、アメリカと日本の金持と両方から絞りあげられている。早い話が、伊丹の飛行場をはじめ日本中にあるアメリカの基地の面積だって大変なものだが、ただでアメリカが使っているし、電気だって水道の水だって、お金払わずに使っている。私たちが電気代三カ月も払わなかったら止められてしまうのに、勝ったからといって、なん年もただで居座るのだから」といったら仲間は口惜しがって、「そんな、あほらしいことだれがきめた」というので、「吉田さんがサンフランシスコできめてきたんだ。一番の責任者は吉田茂(3)と、戦争をはじめた天皇制軍国主義者どもだ」といったら一人の小父さんは、「高井さんは頭もいいし親切な人だが、天皇の悪口だけはいわんほうがええで。日本人は代々天皇のお国で生きてきたんやで。そやから高井さんは赤やといわれるんやで」といわれて私は、こらあかん、見てわからんものはきいてもわからん、と思ったので話をやめた。

黄色いチョウ

昼休みに　野道を歩いていたら
ギッコンギィコンと　稲こきの音
あぜ道はわらくずでいっぱい

ふと足もとに　ひとひらの花びらが
近づくと　ひらひらと舞い上がった
まっ黄色の　チョウだった

もうすぐ　お正月だ
町では売出しの　旗がなびき
チンドン屋が　にぎやかに行く
田んぼでは　ギィコン　ギィコン　稲こきの音
黄色いチョウも
近づく冬を　どうするのだろうか

負けたとて　さあたたかいは今からと　肩たたきあい団結ちかう

（一九五一年七月）

日雇いには　労働組合作らせぬと　県の職員えらそうにいえり

（同年夏　伊丹坂工事現場で）

雨の日も　風の日も母は子ゆえに働いて　夕方くれば会議つづける

（同年秋　組合事務所で）

松たけめし　一度は炊いてやりたしと　思いくらして秋深みゆく

（一九五三年　秋の終りごろ）

かっこいい　理くつはいわぬ母たちが　一ばん先に座りこみに行く

（一九五四年　そして託児所も作らせた）

一人は万人のために　万人は一人のために

昭和三十三（一九五八）年の春でしたが、仲間の谷前さんという小母さんが仕事場からの帰り道で倒れ、歩けなくなったので、委員長の福田さんがおんぶして帰り、常岡病院へ連れて行きました。翌日の朝早く、私が仕事に行く前に谷前さんの家へ見舞いに行ったら、「高井さん、早よう上がって。わては体がいごかなくなった。どないしよう」といって泣くので、「動けん人が一人でおったらあかんがな」といって、昨日みてもらった常岡病院の倉常先生にお願いして、その日から入院させてくださったのでしたが、困ったことは金がないのでつきそいさんを雇えないことでした。谷前さんの夫は大工さんで、中風で七年間寝たきりでしたが一年前に亡くなり、子どももなく、金もなく、困ってしまったというので、私は今度は金づくりに走りまわりました。

当時の伊丹市では、生活保護をたのんでもその日のうちには間にあわないので、せめて三万円ほどだれか貸してくれないかと考えても、仲間は全部私同ようのその日暮し。

万策つきた私は、谷前さんの借りていた家の家主さんのお宅へ「三万円貸してください」とたのみに行きました。家主さんは近所のお百姓さんでしたが、見ず知らずのはじめて会う人に三万円貸せなんて、気狂いかと思ったそうですが、私は死にものぐるいで恥も外聞もなく、友だちを助けたい一心でくわしく事情を説明して、広い土間に座って、文字通り土下座してたのみました。

そしたら六十歳ぐらいのご主人が、「まあ、あんた上がってください。私はこの年になるまで、あんたのような人に会ったことがない。世の中には親切なやさしい人もいることを今知りました。谷前さんは私の借家人です。見殺しにはできません。金は貸しましょう。元気になられたら、金はぼつぼつ返してもらいましょう。お互いに年寄りやから、先の先まで話しておきますが、死なはったら見舞金で返してもらえないから、家を返してもらいます。なん年か先でも、谷前さんがなおって退院した時には、今の家へ帰れるように空けておきます。金は明日中に病院へ届けます」といってくださいました。おかげでつきそいさんをたのむことができました。

次の日、執行委員会で私が谷前さんのことを報告すると、委員長も書記長もにがい顔をして、ただ一人のためにそんなに骨を折るのはまちがいだというのです。一人は万人のために、万人は一人のために、ということを知らぬらしい。私がその次の日から七日間の中央闘争に上京して帰ったら、今まではなんでも私のすることに反対した監督さんが、現場の仲間によびかけて七千円のカンパを集めて、谷前さんと私に渡してくださったのです。渡る世間に鬼はないとはこのことだと、嬉し涙にくれました。だれでも働く者は共通の愛情を持っていても立場がちがうだけで、敵だ味方だといっていても、お互いに話しあって、助けあっていかなければいけない。「万国の労働者よ団結せよ」といったマルクスの言葉こそ、守るべきだと思いました。谷前さんも泣いて喜びました。病院の先生や看護婦さんたちも、よかったよかったと喜んでくださいました。

このころになると、首切りの話がでてきて、いろいろなデマがとびました。たとえば、昼飯に白飯を持ってくると首切りだとか、息子の家に電話が引けたら首切りだとか。そしてほんとうに十三人の仲間が首切られました。そして組合が首切り反対の運動をしても、本人が根性がなくてたたかいに参加しなかったので、完全に負けました。

その時に、私と同じ班におった山本さんも首を切られたのでした。その人は七十歳でしたが、失対を首切られたら、年寄りだからどこも雇ってくれないといって、毎日一人で安定所へ座りこんでおりました。あぶれた日には、私もいっしょに職安課長や所長にたのみに行きましたが、十三人首切られて、十二人があきらめてでてこないので、執行部もなかばあきらめておったのに、山本さんは一人で毎日毎日安定所通いをつづけてとうとう一ヵ月になりました。「不平がましいことはひとこともいわずに、毎日くる日もくる日も失対係の窓口へ、お願いします、お願いしますと頭を下げてくる山本のばあさんには負けた」と課長さんも私にいっておられました。ほんとうに偉い小母さんでした。

その後は、毎日静かにおとなしく働きつづけて、八十四歳で、豊中におられた娘さんの家へ行かれました。永の年月風雪にたえて、八十四歳まで働きつづけた山本とくさんの心のうちを思いやる時、涙はぬぐってもぬぐっても、ぬぐいきれません。

働いて働いて　八十歳はすぎたけど　家もなければ年金もなく

地獄の一丁目

昭和三十三(一九五八)年の三月十九日の夜中、急に高熱がでて、手足が痛みだして、二十日の朝、伊丹の常岡病院へ入院しました。病気は全身リュウマチで、永年にわたる働きすぎが、私の体をがたがたにしてしまったのでした。次の日から娘たちが交替で見にきてくれ、息子も夜はときどき見舞いにきてくれて、お金もくれたりで嬉しかったが、私は全身の痛みで口もきけないほどでした。

現場の仲間もかわるがわる見舞いにきてくれ、ちっとも淋しい思いはしませんでした。なかでも一番嬉しかったのは、永年私の組合活動を弾圧して毎日のようににらみあっていた総監督が、カステラを持って見舞いにきてくれて、「僕たちが高井さんを理解できなくて、あんたに必要以上の苦労をさせた。悪かった」といわれた時には、夢ではないかと思いました。婦人部長の坂上さんは、毎朝八時には病院へ立ちより、前日のできごとや組合運動の報告をしてくれて、美しい花を毎日持ってきて、私の病室は花いっぱいでした。

ある日坂上さんは、白いいちはつの花を三十本持ってきてくれました。いちはつの花はアヤメ科の花で白い蝶のような花ですが、朝の四時ごろから六時ごろまでにパチ、パチと音がして、全部咲いてしまいました。とても美しく盛大な感じでした。この花は、私に早く全快して労働者のなかに戻れといっているのだと、この花が婦人部長と仲間の真心をつたえ、今私に立ち上がれ、病気に負けるなといっているのだと思いました。しかし三日すぎ七日すぎても、熱は三十八度もあり、身体中痛まんところがなくて、歯まで痛んで、毎朝うがいをすると奥歯が一本二本とぬけ落ちるし、頭の毛も急に白くなり、ぜんぜん食欲がなくなり、見る見るうちに骨と皮ばかりの見るも哀れな姿になりました。

しかし主治医の倉常先生と看護婦さんたちと仲間のはげましで、やっと四月三十日に退院できるようになりました。そして翌日の五月一日のメーデーにはやもたてもたまらなくなり、朝五時に起きてメーデーに参加しました。自由労組のデモ隊の最前列で、団結のハチマキをしめて、紺がすりの上着に縞のモンペで行進しましたが、やっぱり急に歩いて、デモ行進をしたので、その夜は熱がでて手足がまた痛みだし、翌日病院へ行くと、もう一カ月ぐらいは安静にしないといけませんと、お叱りをうけました。

それでも休んでいられなくて、五月三日から仕事にでました。今まで鬼のようだった監督が、「よかったなあ、今日からあんたは班長代理で、五人ほどつれて公園の掃除をしてもらいます」といって、体の弱い年よりばかり五人と私とで小人数の班をつくり、養生班と名づけて、日給は二十円下がりましたが、仕事が楽なのでみんな喜んで、仲よく公園で働くようになりました。そのうちに公園の班は仕事が楽だし、班長も労働組合の役員なので、六十歳以上の人たちが一人二人と私たちの班へはいって、お盆のころには三十五人になりました。三十五人のなかには病人も多かったが、貧乏のため、毎日無理して働いているのでした。

そのなかで私が一番重病でした。全身リュウマチで一生なおらん病気だと医者にもいわれていましたが、どんなに苦しくて痛んでも、私は休むことはできなかった。家族の生活を守るためには、安い賃金でも働かんならん。それに体の弱い三十五人の仲間とともに組合運動をつづけるのが私の任務でもあると思うと、一日も休むことはできませんでした。お医者さまに教えられたことは、どんなに痛くてもがまんして手足を動かしなさい、動かさんと手足が曲って歩けなくなったり、手のひじも曲ってなにもできなくなるからといわれたので、本当に毎日が病気とのたたかいでした。それでも、一足歩くごとに頭のなかまで突きさす激痛に歯をくいしばりながら、歩いて仕事場へ行きました。手は足よりひどく曲ってしまい、物を持つこともできなくなりました。それでも私は、負けるものかと毎日仕事にでていました。

朝、私が痛む足を引きずり、ようやく現場へ行くと、待ちかまえていたように、毎朝、岸本さんは私の髪をといてくれました。ていねいにふけをとって、ヘアローションをすりこんでくれました。十時の休みには、足立えつ子さんが私の手足をマッサージしてくれました。とても上手で本職のあんまさん以上でした。昼食の時には、岡野すがのさんが毎日玉子焼やのり巻やにぎりめしをつくってきてたべさせてくれました。それでもなかなかよくならなくて、体重も三十キロまでやせてしまいました。

その時、やっぱり公園で働いていた京さんが、朝鮮人参を一箱見舞いにくださいました。京さんは、戦争中に日本の軍部によって連れてこられ、九州の炭鉱で働かされているうちに戦争が終ったけれど、そのまま祖国へ帰れなくなって、失対で働いている人でした。年は三十五歳ぐらいで、たくましくてハンサムで、親切な人でした。京さんにいただいた朝鮮人参をのみはじめると、一週間もせんうちに食欲がでて、少しずつ元気になり、一カ月もすると手足の痛みもだいぶ楽になりましたので、お盆の一時金をもらった時に、京さんにたのんで二箱買ってもらいました。そのころ朝鮮人参は一箱八千円ぐらいでしたが、京さんは六千五百円ぐらいで買ってくださったので、おかげで秋の終りごろには、見ちがえるように元気になりました。

私は病気でも災害でも、地獄の一丁目まで行っても不思議と命拾いをして、今まで生きているのです。やっぱり、毎日いっしょに働き、喜びも悲しみもわけあっている仲間の人たちの真心が、私の命を守りぬいてくださったのです。

今私は、当時を思いだしながらつたないペンをとっているのですが、あれから二十年の間に、公園でともに働いた人たちで、生きているのは五人だけで、三十人の人が亡くなりました。養老院や病院で亡くなった人はたいてい六十歳、七十歳以上で、身よりのない人たちでした。もっとも悲惨なのは、つぶれかかった古い家や小屋で、一人ぽっちで死んだ人たちでした。

二、三日　見ぬと思えば死んでいた　末期の水を汲む人もなく
公園に　杖引く人のしのばれて　野菊の新芽残し草苅る
迷い子を　せおえばかるくかわゆくて　わが孫のごとく心あたたまる
手を洗う　水もなければ遠足の　子らのためにと水をくみおく
夏のうちは　せみが鳴いてた公園で　たき火かこんで年よりが泣く（一九六〇年）

県営養老院

あれは昭和三十六(一九六一)年ごろだったと思います。山田うのさんが「養老院へはいりたいので伊丹市に養老院を建ててもらいたい」というのです。山田さんは若い時には大阪に住んでいて、今度の戦争で焼けだされ、弟と二人伊丹へ逃げてきて失対で働いていたのが、昨年の秋に弟が死んで今は一人暮し、七十二歳でこのごろは体も弱くなったので、一人暮しは心さびしいから、というのでした。「それでは私といっしょに市役所の民生課へたのみに行きましょう。だけど伊丹には養老院がないので、三田市か宝塚市の県営の養老院へ行くようになるがよいですか」といったら、戦争で大阪の家を焼かれ、伊丹へきて十七年目で、七十歳すぎてからまた他市へかわるのは心細い、なんとか伊丹市で死にたい、養老院を建ててもらえませんか、というのでした。

それでは公園班全員で相談しようということで、昼休みに仲間に話したら、「伊丹はごつい金かけて自衛隊つくっているし、今度は文化会館建てるそうやが、養老院はないのか。けしからん。私たちは戦争で家を焼かれたり家族を殺されて、一人ぽっちで生きておるんや。だれも養老院へ好きで行きたい者はないが、だんだん年をとって働けなくなったら養老院しか行くところないから、やっぱり伊丹市に養老院建てさせなあかんで」という意見が多かったので、執行委員会へ公園班の要求として相談して、老人の多い公園班が先頭でたたかうことをきめました。そして執行部でビラをつくり、公園班全員で阪急電車の駅前と市役所前でビラをまき、署名も集めました。当日は三十人の老人が通行人や電車に乗り下りする人に一枚ずつていねいにビラを渡しました。

その当時としては珍しい老人の団結してのたたかいで、行動をはじめてから半年ほどで、伊丹市内の松が丘に五十人収容できる養老院が建てられて、一番はじめに公園班から六人入院しました。それから六カ月ほどすぎたある日、私は一人のおばあさんから手紙をもらいました。

たかいさま、ワタシはうまれてから、ジをカイた、ことが、アリマセン、ダケド一ペンオレイが、かきたいので、センセイさまに、オシエテモロテかいてイマス。

デンキダイモ、ヤチンモ、コメダイモ、イランノデ、ワタシは、アンシンデス、スエタカガシンデカラ、一人デサブシカッタガ、イマワ、四ニンデ一ツヘヤニイマス、ヨローインエ、イレテモロテ、アリガトゴザイマス

おうの

（以上原文のまま）

末高さんはおうのさんの弟さん。おうのさんは小学校へ一日も行けなくて、自分の名前も書けなかったのでしたが、字は知らなくても頭のよい、しっかり者でした。山田うのさんは小柄で、公園で働いていた時でも、いつもニコニコと笑顔よしのかわいらしい人でした。養老院へ行く時に「なにもないが、二重組みの重箱があるので使ってください」と私にくださいました。それは木でできた美しい重箱で、私がもらってからでも十五年以上になり、ぬりもはげかかりましたが、今でもなつかしい友情の形見としてわが家の宝物です。うのさんは養老院へ行ってから字をならったり、自労からいっしょに行った六人の先頭に立って、なにごとがあっても六人が団結して、養老院の院長や職員に要求しているといって、市役所の職員さんも、自労でよう訓練されているといっていましたが、八十四歳で亡くなられました。

やけどをした魚

三十七(一九六二)年ごろは、創価学会の人たちが伊丹市でも熱心に信仰をすすめにまわって歩き、私の家へもきて、なん時間もねばられて困ったことがありました。その当時、私たちはみどりが丘の公園で、三十人ぐらいが毎日草むしりや掃除をしていましたが、夜は自宅へ、昼は仕事現場へ、学会の人が押しかけてきて、公園班でも五人ほどの学会員ができました。その人たちが、仲間の人たちに創価学会員になると今より生活が楽になるとか、日蓮さんのありがたいことなぞを毎日しつこく話しかけ、ことわると罰《ばち》が当るとか、火事になるとか、交通事故で片輪者になるなぞというので、仲間同士で毎日けんかがたえず、班長代理の私も困ってしまいました。ほとほと困り果てたのである日、昼食中にいいました。

「どうや、あんたら毎日、日蓮さんや弘法大師やといいあってけんかしているが、いっぺんみんなでバス貸切って、高野山へお詣りに行きましょ。昔、大師さんは、ある日あるところで、ある人が魚を焼いているのを見て、魚がかわいそうやと助けて川へ流したら、魚が喜んでおよぎだしたそうや。すがちゃんは、その川が高野山の玉川で、今でも背中にやけどのあとのある魚がいるといってたが、みんなで見に行って、奥の院へも行って、弘法大師さまをおがんで、宿坊で精進料理をたべてこようよ。涼しくてええと思うがねえ。それから大石寺さおまいりに行こ」といったら全員さんせいで、岸本さんの娘さんにたのんで、市バス交通局の観光バスで、一人四百五十円で高野山までのキップを買ってもらいました。貸切りでなくて乗合いの観光バスでしたが、安上がりなので全員行くことになりました。そして八月の中ごろ、公園班三十人は、今日だけは創価学会も天理教もなく、仲よくバスで高野山へおまいりしました。

その時私は、今日こそ公園班全員に、現実にあるものとないものを見せて折伏《しゃくぶく》しようと思って行きました。伊丹を出発したのが八時四十分で、高野山の西南院というお寺で昼食をたべて、お坊さんの案内で、お寺や多宝塔や玉川や奥の院を見てまわりました。多摩川の橋の上で立ちどまり、「さあみなさん、やけどをした魚がいるかいないか、よく見ましょう」といって、自分でも美しい水やなあと見ておりましたら、若い坊さんが笑いながら「弘法大師は当山のお祖師さまで、お情け深いお方ではありましたが、千年も前の魚が今ごろおよぐはずはありません」といわれ、涼しい杉木立の中を歩いておまいりをすまし、全員無事に伊丹へ帰り着いたのは、夏の日も六甲山の陰に隠れて、涼しい風が吹く夕暮れでした。

焼き魚　今もおよぐと人のいう　高野の奥の玉川の瀬に

次の日現場で、「どうでした、高野山へ行ってなにが一番よかった」ときいたら、精進料理のおいしかったことや、山のけしきの美しかったこと、そして涼しくて別世界のようだったことなぞでした。そこで私が「今日から弘法大師と日蓮上人のけんかはやめましょう。お大師さんも日蓮さんもお情け深いお方で、私たち衆生《しゅじょう》が仲よく心おだやかに、いたわりあってしあわせに生きるためにお心を痛め、時の権力者から追われて、奥深い山や波荒い佐渡へ流罪になったのです。私たちが学会だ、大師さんだ、天理さんだとあらそっていたら、今は仏さまになられた方が泣かはると私は思う。今日から創価のソの字も禁句にする」とちょっとえらそうにいったけど、みなみなだまっていました。

それからは毎日仲よく仕事をしていましたが、いつの間にか創価学会員の人は一人去り二人去り、一番熱心に信仰して仲間にけむたがられていた人が、一番先に亡くなったのはひにくでした。元から体の弱かった人で、息子さんもぜんそくで苦しんでいたので、おぼれる者は藁にもすがる気持だったのでしょう。結局、公園班には創価学会員は一人もおらなくなりました。

首がないのに首切り

昭和三十七(一九六二)年五月、自民党政府は、失業対策事業を打ち切りにするといったので、私たち伊丹の仲間たちも心配して大さわぎになりました。「やっと命をつないでいるのに、失対の首切りとは人殺しや」「わてらははじめから失業者や、首のないのに首切りとはあんまりや、全国の仲間と団結してたたかわなあかんで」「地獄で鬼が死んだらどこへ行くのか、倉石(4)さんにききに行こうか」「倉石さんてどこの人やねん」「あほかいな、自民党の労働大臣やがな」「あ、さよか、日本の大臣やのうて自民党の大臣さんか」「そらあかんわ、そんな者にたのんだかて、らちあかんわ」「失対なんか死んだかて、痛うもかゆうもないと思うとるで」。だれもかれも仕事が手につかんようでした。

そして三十八年から三十九年にかけて、仲間は実によく団結してたたかいました。伊丹だけでたたかっても力は弱いので、組合の本部から通知があればいつでも行動できるように、闘争資金を一人二万円積み立てること、全員がいつでも立ち上がりたたかえるように、家族とも話しあうことなど、毎日相談や会議を持ちました。執行委員は委員長と書記長を残し、全員が現場まわりと阪神間の分会との交流オルグにでました。教宣部長だった私の任務は重く、雨の日も風の日も、夜間も日曜もなく、その時病気だった娘を一人残して、走りまわったものでした。ただ一人ほっておかれた病気の娘は、その当時からものをいわなくなったのでした。あわて者で大ばか者の私は、娘に対してまことに気のつかぬ悪い母親だったのでした。

だけど私の働いておった公園班が、一番早く闘争資金の積み立てを実行してくれました。自民党政府に対する抗議文や嘆願書も、年寄りが多くて字の書けない人が多いのに、仲間同士で助けあって、三十人で百枚以上のはがきや手紙をだしてくれました。毎日各現場から上がってくる手紙やはがきを、夜おそくまで読んだり調べたり、代表的な文章はノートに書きとめて、原稿に書いて県支部へ送ったりで、夜も眠る時間もなく、朝早く家をでて一日中食事もできず、夜中まで食わず飲まずという日もありました。

ある日、オルグに行った現場で一人のおっさんが、「私は自民党だから首切られへん。自民党の悪口いうのはやめてくれ」といったので、「おっさんは首切られんでも、一人では仕事できへんで」と仲間も私もいろいろいいました。おっさんは強情で、なかなかはがきを書くといわないので、私が「おっさんはアンクルトムや」といいましたらおっさんは「私はアメリカはきらいや、そんな話ききとうない」というので、「では日本流にいきましょう」といって、落語の「たいら林かひら林か、一八十のもっくもっく」と、昔東京の寄席できいた話を一席おしゃべりして、「昔も今も、社会のしくみを知らない弱い者が一番損をしているのや」といいました。

強情者のおっさんも「若い時兵隊にとられ、なんべんも生死の境をさまよって、けがをして、ようやく命拾いして帰ったが、恩給も少なく仕事もないので失対で働いているので、まさか自民党の政府が、戦争でけがした私らまで首切ったり見殺しにするとは思わんが、恩給さえ多かったら首切られても困らへんから、恩給を上げるように総理大臣に上申書を書く」といったので、全員拍手で「おっさん、ええとこあるぞ、さすが日本の男はんや」とほめたりひやかしたりでした。

その時、伊丹分会だけで手紙を二千通だしましたので、全国の仲間がだした手紙やはがきは大変なものだったし、失対打ち切り反対の署名も、トラック三台分もあったのでした。伊丹分会では闘争資金も一人二万円当りで総額二千万円積み立てました。

お前の笑う日まで

ちょうどそのころです。末っ子の勝子は高校二年の夏のはじめから勉強をしなくなり、落ちつきがなくなって、お医者さんにみてもらいましたら、ノイローゼだからしばらく学校を休みなさいといわれました。学校を休んで、あっちこっちの医者にみてもらいましたが、だんだん悪くなり、学校をやめてしまいました。三人の姉たちも結婚して家をでて行き、兄も住みこみの仕事が多くて、三十六（一九六一）年ごろには勝子と二人だけで塚口の家で暮していましたが、勝子は、前にも書いた、古いおばけのでそうな家に毎日一人でいるので、よけい病気が悪化したので、ボロ家を売って、伊丹の自労事務所の近くに新しいアパートが建ったので、一部屋一カ月五千円の家賃で借りて引っ越しました。そして近くの精神科の先生にみてもらいましたら、精神分裂病〔現在は統合失調症と呼ぶ〕といわれ、一日おきに往診してもらって、一時期ちょっと快方にむかっていたのでしたが、三年ほどしてまた悪くなり、今度は言葉も忘れたのか、口をきかなくなりました。

私がなにをいっても返事をせず、一日中だまって座っていて、なにかいうと泣いているだけ。そして夜中に散歩にでかけるので、私は夜も安心して眠れなくなりました。それでも、仕事にでないと生活ができないので、保健所へ相談に行きましたら、その日のうちに入院できました。四十一（一九六六）年の三月一日でした。勝子はこわそうに室のすみに小さくなっていましたが、「母さんもいっしょに行きましょう」というと、安心して服を着がえて、おとなしく車に乗りましたが、本当に哀れでした。病院では、三日すぎたらくわしく診察してお話しますとお医者さまにいわれて、帰りました。その夜は悲しみと淋しさで気が狂いそうになり、長尾の長女の家へ行って泊りました。

翌日、市役所の民生課へ行ったら、入院費は精神衛生法が適用され、私は一銭もださなくてもよかったので安心しましたが、同時に、そんなに悪いのかと心配になり、夜も眠らず、三日目を待ちかねて病院へ行きました。待ちあい室で待っていたら、「お母さん」と、大きな声で勝子がでてきたのでした。髪も美しくくしけずってもらい、見ちがえるほどの元気な様子にびっくりしました。まる一年間も口をきかなかったのに、大きな声で「お母さん」とよばれた時の嬉しかったこと。それから母子いっしょに診察室へ行ったら、先生は全快はむつかしいとおっしゃったのですが、私は「いえ、治ります。治してください。今大きな声でお母さんといったのです。私はあきらめません。どうか先生、なん年かかっても治してください」といってしまいました。

うしろ髪を引かれる思いで伊丹へ帰りましたが、あの子が生れてから二十三年間、その成長をたのしみ、喜びも悲しみも母子でわけあって生きてきたのが、今日の今夜から、私は一人ぽっちで生きて行かねばならないのだと、心は勝子のことでいっぱい。別れてからものの半日もたたないのに、夕食もたべられないし、床にはいっても、目をつぶれば勝子の顔、悲しそうな顔ばかり。かわいらしく、楽しそうな顔は五年前に消えてしまった。かわいそうな娘よ、お前を思い、お前に泣く、お前の笑う日まで私は生きなければならない。いとしい娘よ、かわいそうな勝子よ。

今日よりは　一人ぐらしのさびしさに　手当り次第本読みてみる
ぬぎゆきし　赤いセーター抱きしめて　勝子勝子と夜を泣き明かす

それから、四月五日の面会日までの待ち遠しかったこと。十年も二十年も待たされたようで、昼間は仕事に行き、仲間になぐさめられ、労働組合の仕事もあり、なんとか自分の心をだましだまし時間をすごすことができても、夜の長さは、遠い遠い昔から一人ぽっちでいるようで、悲しみと苦しみの地獄でした。

そして四月五日、勝子の好物だったのり巻きずしとチョコレート、夏みかんを持って、朝早くからでかけたのです。病院へついたのが午前九時でした。面会時間は午後一時からなので、待つ間の長かったこと。病院の廊下を行ったりきたり、立ったり座ったり、うろうろするので、ほかの面会人は私が狂人かと思ったらしく、心配そうに見ていました。やっと一時になって、一番に「高井さん」と呼ばれ、足も地につかず面会室へまっしぐら。ドアが開くと、看護婦さんにつきそわれて勝子は先にきていて、やっぱり悲しそうな顔。三十分の面会時間の間に、小さな声でたったひとこと、「家へ帰りたい」といったのです。私は「早くよくなってね。退院する時は新しい服も、くつも、買ってあげるよ。そうだ、ハンドバッグも買ってあげよう。だから先生や看護婦さんのいうことを守って、お友だちもつくりなさい。いやなことがあったら、なんでも母さんにいいなさい」といって別れたのでした。

バス停より　見上げる窓の鉄格子　なかなる人の暮しいかにと
その昔は　わが否定せし神々に　わが子の上を祈るおろかさ
面会室の　とびらに錠の音高く　あふるる涙かくすすべなし

それからは、日曜日ごとに面会に行くのがたのしみで、勝子の好物をあれこれと思いだして、雨でも嵐でも、日曜日には面会に行きました。そして四十三年十二月に退院するまで約三年間、母子の苦しい闘病生活がつづいたのでした。

息子よ、どこに

運悪く、もう一つの悲しいできごとがありまして、まさに私は涙とともに生きた三年間でした。悲しくてたまらん時は、下手な歌を書いたり本を読んだりして、心の苦しみをごまかしていたのでした。

三十九(一九六四)年の春、男の子で一人だけ生き残った息子完治が、東京方面へ出稼ぎに行きましたのが、四十年の春ごろからたよりがなくなり、足かけ五年行方知れずになって、心配は二重になって私を苦しめました。どんなに心配してみても、一人前の労働者である息子が自分で考えて行動しているのを、たとえ親でも勝手に探し歩けば人格の侵害になるし、一億人のなかの一人を探すことは気の遠くなるような大仕事でもあるので、ただひたすらわが子を信頼して、帰りを待つよりしかたなかったのですが、やっぱり思いだしては、息子のシャツやズボンを引っぱりだして洗いなおしたり、夕食に息子の好きなおかずをつくったりして、今日帰るか、明日帰るかと、胸をときめかして三年間待ちつづけたものでした。

汽車の旅　止まる駅ごと窓あけて　もしやわが子はいぬかと思いて
どこにいても　達者でなあと祈りつつ　十二時すぎて布団かぶれり
反逆の　子にはあれども生活の　苦しさゆえと思いいとしむ
静岡の　パチンコ店で見しときく　風のたよりもたえて久しき

雨降れば　完治をしのび風吹けば　勝子を思い一人老い行く
悪いのは　資本主義ともう一つ　己が心の弱さなりけり

弱虫で泣き虫の私は、毎晩のように泣きながら、下手くそな字で短歌や詩を書き、月日のすぎゆくのを忘れようと思いましたが、労働運動と平和を守るたたかいだけは、力の限り体あたりでぶつかってゆきました。そんな悲しい私をなぐさめ、はげましてくれたのは、仲間の人たちでした。土曜日ごとに三百円、五百円と、「病院へ行くでしょう。少ないけれど、勝ちゃんになにか買ってあげて」といってくれましたが、それが三年間もつづけてくださった、そのやさしい、あたたかい仲間の真心が、どんなに私を力づけて、生きる勇気を起させたか。今この文章を書きながら、言葉ではいえない、ペンでも書けない、大きな友情にありがた涙を流しております。

白鳥よ
みどりが丘の　池のほとりに
はやばやと　つゆ草の花咲き

白鳥は　水にたわむれ
六月の風に吹かれて
池のほとりにたたずめば
遠き昔に　心引かれる
この池は　いかなる人が計画し
なん人の労働者が　汗を流し
いつごろできたるか　今はわからず
白鳥の池となる
昔は　田畑に水を送りし池も
今は　町のたたずまいも変り
工場多く　飛行機の爆音高く
年とともに池の水はにごりたるも
白鳥は　ゆうゆうと泳ぐ
ああ　白鳥よ
もとはシベリアの清流に泳ぐときくが

今はどろ水になれて
今年は　ひなも生れた
人の世の生活の苦しさと心のよごれをものがたるごとく
水は　にごれり
六月の風は　池を渡りて
どろ水ながら　さざ波をたて
白鳥は　ゆうゆうと泳ぐ
われもまた　昔日をしのびてたたずむ
現実は　心すさめるわれなるが
かれんなる　つゆ草の花に
心ひかれて　心やすらぐ

多くの仲間たちの協力と現代医学のおかげで、勝子の病気も少しずつ快方にむかい、入院して二年目には毎月一回の外泊もできるようになり、三年目には開放病棟にはいって、病院内の掃除や畑仕事ができるようになりました。永い悲しみと苦労の末に。そして私の一生忘れられない、喜びの日がついにきたのです。

昭和四十三(一九六八)年七月二十九日でした。勝子の誕生日を母子で祝いたくて、朝から病院へ迎えに行き、孫の百合子もきて、三人で夕食をたべました。勝子の好きなおすし、百合子の好きな玉子焼き、私の好きなスイカで、おいしくたのしくいただきましたが、私は完治にもたべさせたい、どうしているのか、元気かしら、病気をしていないか、なぞと考えたけど、二人にはいいませんでした。やがて夏の夜もふけて、せまい室に三人でふとんを引っつけあって寝ましたのが、十二時近くでした。

その時、トントンと戸をたたく音に、今ごろだれかしらと戸を開けたら、「ただ今」といって、息子が帰ってきたのでした。あんまり嬉しくて、私は胸がいっぱい。たったひとこと「お帰り」といいました。家をでてから五年目なのに、昨日でかけて帰ったように、「ただ今」「お帰り」。なにもいわなくても、お互いの気持はわかりきっていたのです。五年間にわが息子は、山ほど苦労もしたであろう。高校も行けなかった息子は、五年間苦労して、人生学を卒業したのだと思いました。

兄が帰ったのが嬉しくて勝子も元気になり、その年の十二月、三年ぶりで退院できました。完治も、その年の九月から伊丹市内の運送店に就職して、以来十年働きつづけ、私にも勝子にもやさしく、近ごろ珍しい孝行息子だといわれるようになりました。そして意中の人と結婚して、しあわせに暮しております。

労働学校

永い間団結してたたかってきた仲間たちは、七〇年安保と失対打ち切り反対闘争のために一人一カ月五百円の闘争資金を三年間貯金して、一人が一万八千円になりました。金ができても中味がからではストライキもやりにくいから学習しようということになり、労働学校をはじめたのが四十四(一九六九)年十月十日のことでした。終了したのは翌年三月二十四日、入学者百八十六名、卒業百十七名でした。つかったお金は四十五万円。

永い冬の間でしたのに、一日働いて疲れた身体で学習するのは、私たちのように無学な年寄りにはとてもたいへんで、はじめはつづくかどうか心配でした。しかしはじめてみると、いままで私たちが思っていたのとちがい、講師の話はよくわかりおもしろくなったという人もあったし、本当のことを知り、専門の先生方に教えていただいて、私たちは自信を持つことができました。ものの見方、考え方からはじまり、社会主義と資本主義のちがい、人間の歴史、労働運動史、憲法、安保条約、失対綱領などでした。卒業式当日は仲間同士手をとりあって喜んだものでした。

一九七〇年三月二十四日　伊丹分会労働学校卒業式万歳

生れてはじめて卒業証書をもらった。いくつになっても嬉しいものだ。

仲間はよく団結してたたかったけれど、寄る年波には勝てなくて、三十五年ごろには千人以上いた伊丹の失対も、四十五年には七百人となりました。政府発表によると、日本人の死亡者は年間千人に八人の割合とありましたが、私たちの仲間は千人に二十人ぐらい死んでいます。永年の貧乏と非衛生な仕事が、私たちの命をちぢめているのでした。栄養が悪いため年より早く腰が曲がり、目や耳が悪く、交通事故で死ぬ人も多いのです。その上、老後の保障がないので仲間は死ぬまで働きつづけ、三日ほど見ないと思っていたら死んでいる人もあり、仕事中に倒れて死ぬ人もありました。

私も四十四(一九六九)年ごろから腰痛で働けなくなり、冬は寝て暮し、五月ごろから働きにでるので、冬眠のかえるといわれるようになりました。それもだんだん悪くなるので、四十六(一九七一)年八月に、二十年間働いた失対をやめましたが、二十年間働きつづけても、一円も退職金はでないというので、労働組合でみんなでがんばって、退職金は市から十五万円、政府から貸付金二十五万円を受けとりましたが、その貸付金は、一年の間にどこかへ就職したら返さなくてもよいが、働きに行かなかったら返せというのです。働けなくなって、病気なんかでやめた人に返せという政府なのです。

永い間苦労しましたけど、苦労や悲しみが多ければ多いほど、小さな喜びでも大きな幸福だと思うので、今の私は幸福です。人間のしあわせは、天から降ってくるものでもなし、人からもらうものでもない。ましてや金や物でもない。人間同士のあたたかい心の交流と、高い山へむかって一歩一歩、自力で登りきることだと、はっきりわかりました。どんなにけわしくて苦しい道であっても、私には一歩も後退は許されなかったのです。

一年間　必死の思いでたたかいぬき　三分間でふみにじられぬ

(伊丹飛行場拡張議会で)

失対が　通ればほえる犬ながら　犬とりくれば知らせに走るなり
物価高　息子一人の働きで　食えぬがゆえに神経痛の足引きずりて老の働く
老人の日に　市長の祝辞ありがたや　残れる月日いかに暮さん
（冬、黒瀬さんは一人で死んでいた。「老人の日」だけ形式的に老人をたいせつにする国で）
（以上一九七〇年）

母上の　つくりたまいし草もちは　くる春ごとにあまく匂いぬ
母の日に　母をしのびて涙する　封建の世に生きたまいせば
（以上一九七二年）

梅が香も　萩のうねりもなけれども　思いでばかり雨と降るごとくに
（一九七三年　雨の梅林公園で）

ね　ぎ

ねぎの花が咲いた
小さな花だんに咲いた

ねぎの細いのが一本十円です
私がそうめん食べる時　一本
息子がおうどんたべる時　一本
毎日つんでる小さな　ねぎ
つんでも　つんでも　のびてくる
冬でも　青々立っている
つめばつむほど　のびてくる
こいつは私に　にているな
私がねぎに　にているな
負けん気と　辛抱強さはお互いさま
真夏のお日さま　今日は
秋の嵐もなんのその
雪が降ったら豊年だ
負けん気と　辛抱強さはお互いさま
つんでも　つんでも　のびてくる

小さな　小さな　青いねぎ　（一九七一年）

思い出の仲間たち

私の一生は、女工哀史とニコヨン哀史の連続でした。なかでもニコヨン生活の二十年は、働いても働いても、食わなんだり食わなんだりの生活で、一人ではとても生きていけなかった。だから労働組合をつくり、団結して助けあい、生活を守りぬいたのでした。ともに働き、ともに泣きながら、手をとりあって生きてきて、今は年をとり、死んでいった仲間のことを、最後に思いだすまま書いておきます。

池内政光さん

この人は、伊丹自労の初代教宣部長さんでした。私とはよく意見があい、オルグに行ったり市役所へ交渉に行ったり、組合運動に反対する人たちに私がおそわれた時には、体を張って守ってくれて、身がわりになぐられたこともありました。家庭的には不幸な人で、早く両親と死別して、妹さんと二人で幼い時から苦労を重ね、戦争の時には神戸で空襲にあい、住む家もなくなり、伊丹市の引き揚げ者寮の四畳半一間に一人で住んでいました。敵に対しては一歩も引かないが、仲間を愛し、たたかいの先頭に立っていました。昭和三十八(一九六三)年八月二十二日、五十七歳で胃ガンで亡くなりました。その時、私は母親大会で上京しておりましたが、息を引きとる前に私の名を呼んでいたときいて、本当に名残り惜しくてなりませんでした。

元気で働いておった時には、自分の一生の不幸な生活の話や、若かりし日の恋人のことや、失恋して一生結婚しなかった話もきかせてくれました。ある秋のはじめの夜、池内さん宅へ立ちよったらたいそう喜んで、せっかくきてくれたけど、たべる物はなにもないが、歩いて伊丹へ行くと松虫の声がきけるので、ゆっくり歩いて送って行きます、といってお茶をいれてくれました。そして二人で伊丹まで歩きましたが、その道は草がおいしげり、池には月影が美しく、本当に松虫の声がチンチロリン、チンチロリンとにぎやかでした。阪急電車に乗る時にキャラメル一個買って、勝ちゃんにと渡してくれて、また歩いて一時間以上の道を帰って行きました。

顔は日に焼けてまっ黒で、ぼろぼろの服を着ていても、心の美しい、やさしい詩人だと思いました。

河野久野さん

この人は、はじめから組合の活動家でしたが、昭和二十七〔一九五二〕年の健保闘争の時にはいつも先頭に座りこみ、課長相手に交渉していました。そのねばり強さには市の職員もあきれておりました。仲間と話しあって、毎月十円がけのたのもし講をつくって、交替で米を買ったり、生活を守るためにもいろいろ考えて活動していました。夫なきあと四人の子どもをかかえて、失業と貧乏にたえてたたかっておって、自分の体をかえりみるひまもなかったのでしょう。〔二十八年の〕六月に保険ができて七月なかばに入院し、八月末に亡くなりました。

お葬式の日は小雨が降って、悲しみをよけい深くしましたが、今はお子さんたちは立派に成長して、社会のためにつくしておられます。病院へ私がおたずねするたびに、子どもたちをたのむといっていた立派な久野さんのことは、私は一生忘れません。享年五十二歳でした。

青山クニさん

青山さんと私は、同じ日に伊丹の失対へはいりました。仕事場もいつもいっしょでした。夫は体が弱く子だくさんで、とても生活に困っておりました。百六十円の日給では親子八人とてもたべられないので、子どもたちにはパンの耳や、草をつんでみそ汁をたべさせて、自分はべんとうもなく働きにでて、昼には水ばかりのんでおり、「米が買えないので今朝も水をのんできたけど、子どもたちにはなにかたべさせたい」といって、休けい時間にはたんぽぽをつんだり、古くぎを拾ったり、いつも体を休めずに働いていました。私にはなんでも話してくれ、ともに生活を守るためにたたかってきたのに、五十五歳で亡くなりました。

亡くなる前に見舞いにいった私に、「高井さん、私もう一度子どもを産むみたいよ」といって、大きくふくれあがったおなかを見せていました。早く手当をしたら助かったであろうに、子どもかわいさから、無理を承知で働きつづけていたのでした。

徐景秀さん

この人とは、五年ほど公園でいっしょに働きました。身の上話もきいていますが、なによりもお気の毒なのは、朝鮮の人で祖国を遠くはなれ、戦争中から日本にいて一人暮しだったので、たよりになるのはお金だけだといって、毎日の生活費を切りつめて、金をためていました。

ある日、仕事にでている間に、住んでおった小屋が焼けてしまいました。その翌日、あき缶を持って泣いてきたので、委員長がきいたら、この中へお金を入れて床下へいれていたので、火事で焼けてしまったのでした。昔、日本に祖国をうばわれ、戦争中は動員されて日本へ連れてこられて、ただ働きさせられたので、日本の銀行も郵便局も信じられなくて、毎日の給料の大半をミルクのあき缶に入れてかくしておき、朝鮮へ自由に行けるようになったらお墓まいりに帰りたいといっていました。私は一人の日本人として、まことにもうしわけなく思います。

その徐景秀さんも、それから間もなく交通事故で亡くなられました。五十歳ぐらいでした。

足立えつ子さん

この人は、美人でやさしい人でした。私は大変お世話になりました。私がリュウマチで手も上がらず、足も痛くて、泣く泣く働いていた時、毎日、手足をもんでくださり、おかげで毎日働けたし、病気の治りも早かったのです。今私は字も書けるし、仕事もできます。ときどき自分の手をまっすぐにのばしてみては、足立さんに毎日マッサージをしてもらったおかげで手足が曲らなかったのだと思い、感謝の念でいっぱいです。

それなのに足立さんは、五十二歳の若さで亡くなりました。病気は高血圧でした。

立派な息子さんがなん人もおられ、今生きておられたらしあわせなおばあちゃんなのに、と思います。

T・R子さん

この人は眼が悪く、人の顔もはっきり見えませんでした。それでも働かなければ三人の子どもを育てられないので、草とりの仕事でも、手で草のところをなでまわして、一本一本ぬいていました。監督にきらわれながら、毎日仕事にでていました。毎朝三年生ぐらいの女の子が赤ん坊をおんぶして、母親のTさんの手を引いて仕事にきて、夕方も母親の手を引き、赤ん坊をおんぶして帰って行くので、私は見かねて、どこからくるのかときいたら、尼崎市の母子寮にいたのだったが一年前に追いだされて、今では住むところがなくて野宿しているとの話をきいて、貧乏人の私もびっくり。上には上があるもので、ほっておいたら母子四人がだめになると思い、なんとしても家を探し、学校へ行けるようにしてあげなくてはと思いました。

それでさっそく私がつきそって、尼崎市役所の民生課へ行きました。事情を話したら係の人もびっくりして、「米はあるか」といったのですが、Tさんは小さい声で「ええ」と答えるので、私があわててお尻をつねったが、あとの祭りでした。しかたがないので、伊丹の引き揚げ者寮へ入居させるように、県の住宅課へ交渉をたのんで帰りました。私が「生活費二千円ぐらいは前借りできたのに、米はあると、あんなことといったらだめよ。二千円あったら子どもさんに安い洋服の一つも買えたのに」というとTさんは、「でも米もないというのは恥しかった」というのでした。それをきいて私は、恥しいことより、子どもが風呂にもはいらず、女の子なのにぼろぼろの服を着て学校へも行かれず、目の見えない母の手引きをして歩き、赤ん坊のお守りをしているほうが恥しくないのか、と思ったのでした。

それから仲間の小母さんの家の三畳間を借りて、母子四人、次の日からいれてもらいました。一カ月すぎたので、「引き揚げ者寮の入居について、民生課からなんとも連絡がないのか」ときいたら「ない」というので、そんなはずはないと思い、部屋を借りている家の人にきいたら、はがきがだいぶ前にきておったので、よしえちゃんに渡したというのです。それで、女の子が押入れからだしてきたのを読んでみたら、伊丹市長尾の引揚者寮の入居許可通知書でしたが、母親は目が見えず、子どもは小学校へも行っていないので、通知書がわからなかったのでした。さっそく引っ越しをするといっても、荷物らしいものはなにもなく、バケツとなべとやかんぐらいでかんたんでした。それから上の女の子は小学校へ、赤ん坊は託児所へ、それぞれ手つづきをすませ、尼崎市の民生課で服や靴を買ってもらいましたので、私もやれやれと安心しました。

そして夏も終り、秋も終り、十一月でした。赤ん坊がかぜを引き、えらい熱をだしたので、市の民生課で医療券をもらい、医者にみてもらったら肺炎とのことで、川西市の市村病院へ入院させたけど、ふとんがないというので組合の書記長が役所でふとんをもらって病院へ届けてくれました。お姉ちゃんは学校を休んでつきそいさんで、それでも二週間ほどで退院できました。

Tさんは一枚のふとんもなく、夜中は寒くて眠られず、新聞紙をなん枚も重ねてその上に押入れの板戸をのせて寝ていたので、子どもにかぜを引かせたのだといっておりましたが、なんとも哀れな話でした。役所からもらったふとんは、上下で二枚だけだったので、とても冬は越せないから、年末の手当金二千円で、なにはおいてもふとんを買いなさいといったら、翌日、古着屋でふとん二枚を五百円で買った、といっておりました。

Tさん一家は戦前から神戸に住んでいて、終戦前にアメリカの爆撃で家を焼かれ、三人のお子さんを育てるために働きつづけて、二十五（一九五〇）年から伊丹の失対で働いているのでした。目が不自由だったのに、よく三人の子どもと生きてこられたと思いました。夫は戦争中に軍属として徴用され、戦地で亡くなったけど、兵隊でないから、遺族年金ももらえないといっておりました。今ではお子さんたちも立派に成長され、よい子ばかりで、しあわせな老後を送っておられます。感心なことは、あの時の赤ちゃんが学校へ行くようになった時には、お兄さんやお姉さんが力をあわせて妹さんを高校へあげて、無事に卒業させたのでした。自分たちは小学校も満足に行けなかったのに、とても立派だと思いました。

目が不自由でも働いて三人の子どもを育てた母と、母を守って兄妹で団結して生きぬいたお子さんに、心からおめでとうを申しあげます。

思いだす人はつきませんが、昭和二十六（一九五一）年に伊丹市で失業対策事業をはじめた時は四十人ほどで、三十五年ごろには千人以上でしたのに五十一年の今は四百人ほどになりました。失対をやめて外で働いている人もありますが、だんだん年をとり、病気で亡くなったり、交通事故や自殺で亡くなった人も多く、四百人以上は死亡して、考えれば悲しい思い出ばかりです。

今失対で残って働いている人も、私同様七十歳以上の人が多くて、たまに買物に行って道で会うと、なつかしくて立ち話をするのですが、今年も一月四日に早川さんが亡くなった、と知らされました。

二十年前は元気で働き者であった人たちが、毎年、五人、十人と亡くなり、失対ができてから仲間の半分ぐらいが病気や事故で死亡して、本当に淋しくなりました。

でも、全日自労の仲間のなかできたえられた私は幸せ者でした。さびしいから自殺しようなどと思う前に、ともにたたかえる仲間のことを考えたからです。石にかじりついても生きてはいけないけれど、仲間の手はしっかりとにぎってはなさないつもりで生きぬいてきたのでした。

つたない文章でおはずかしいのですが、私の一代記はこれで終ります。

『女工哀史』後五十年！

ああ　細井よ　あなたが死んで
とうとう五十年目
私は七十二歳のおばあちゃんになった
よくも生きたと思います
あなたが死んで
悪妻の代表のようにいわれ
この世の中がいやになったり
酒を飲んだり　男友だちと遊んだり
旧憲法では相続権もなかった私
でも　私は　ちゃんと相続できたのよ
それは　あなたの考え方
それは　あなたの辛抱強さ
おまけについてた　貧乏神

みんな　みんな　もらったのよ
そして　七十二歳の今日このごろ
やっぱり　貧乏で　幸せで
若い人といっしょに話しあったり
学習したり
へんなばあさんになりました
あなたが死んで
細井から高井姓にかわった私は
細井家とは何の関係もないと思っている人たちに
思い知らせてやりたい
財産とは　金や物だけではないことを
その考え方や　生き方を
いつまでも　いつまでも　守りぬくのが
本当の相続人だと
わからせてあげたい

親も子もない　兄弟もなかった
どん底貧乏の和喜蔵は
何も残さなくても
『女工哀史』とともに
いつまでも　いつまでも　生きている
その心を　そのがんばりを
私が　みんな　みんな　もらってる
そして　若い人に受けついでもらう
私は　七十二歳でも
若い友人が大ぜいいる
そして『女工哀史』をテキストに
学習会も行います
貧乏なんて　何でもない
貧乏で　幸せな　ばあさんの一人言《ひとりごと》

（一九七四年一〇月）

注

(1) 徳田秋声　一八七一―一九四三。金沢生まれ。小説家。尾崎紅葉に師事し、その没後、自然主義文学者として名をはせる。「足迹」「黴」「爛《ただれ》」「あらくれ」など。
(2) 難波英夫　一八八八―一九七二。岡山県生まれ。社会運動家。新聞記者時代に部落解放運動に関わり、全国水平社創立を支援。労働農民党幹部を経て、一九二八年共産党入党。戦後、部落解放同盟東京都連合会委員長となった。国民救援会会長もつとめた。
(3) 吉田茂　一八七八―一九六七。東京生まれ。外交官、政治家。一九四六年日本自由党総裁、次いで首相。一九四八―五四年、連続して首相をつとめ、占領軍の指導のもと、戦後政治の基本路線を定めた。一九五一年、サンフランシスコ講和条約に調印し、日米安保体制の基本路線を敷いた。
(4) 倉石〔忠雄〕　一九〇〇―一九八六。長野県生まれ。政治家。出版社役員から政界に転じた。労働大臣をつとめたのは一九五五年一一月―五六年一二月(第三次鳩山内閣)、五八年六月―五九年六月(第二次岸内閣)。ほかに農林大臣、法務大臣も歴任。

あとがきにかえて

私の父は炭焼きだったので、岐阜県や静岡県の山から山へ渡り歩いて仕事をしていたので、私も幼い時から山の中で育てられ、小学校へも行けなかったのです。私の学歴は小学校三カ月だけ。文法も知らず、字もあまり知らないのですが、今七十八歳になって、今までの自分の生活を考えると、貧乏人だと差別され、父母からは女はだまっとれと叱られて、正しいこともいえず、十歳五カ月で紡績女工になり、学歴がないとばかにされ、そして『女工哀史』を執筆中の夫の生活を助けるために女給になったり、死にもの狂いで働きました。

けれども、働いても働いても一生貧乏で、おまけに永い戦争とそのあとの苦労。私なりに考えると、私は無学であったけれどもなんにも悪いことはしていない。女工で十年、女給で一年半、ヤミ屋で五年、ニコヨン二十年、なかの二十年は主婦といわれる労働者だった。そして今、家もなければ、年金もなし。根こそぎしぼりとられてなにもなく、労働もできなくなって、ただ死を待つだけの年になりました。

毎日一人ぼっちで、冬眠の蛙みたいにしていた時、たずねてくださったのが阪南大学の杉尾敏明先生はじめ、岐阜の現代女性史研究会のみなさんでした。この方たちの温かいご援助で、つたない私の詩や短歌を『ある女の歴史』『母なれば働く女性なれば』という小さなパンフレットにしてだしていただき、全日自労時代のことも発表してくださいました。おかげで冬眠からさめて、またやる気になりました。そこへ草土文化から出版の話があって、思いもおよばぬ大仕事にとりくんで、永い間かかってようやくこの原稿ができあがるまで、杉尾先生や草土文化の林光さんにいろいろとお世話になりました。本当にありがとうございました。

思えば私の今日あるのは、いっしょに働いた大ぜいの自労の仲間たちと、私のかわいい子どもたち、母親運動でいっしょに運動した全国の母親たちのおかげです。

今、私の考えていることは、いったいだれのために一生働きつづけたのか、もうけた奴はだれなのか、せめて命あるうちに、私なりに、女の苦しみや貧乏人の苦しみがだれのせいだったのか、を証言したくて、そしてこの本が、戦争を知らぬ人びとや、平和を守るためにご苦労なさっている方たちに、少しでも参考になればと思い、つたない文章ながらせいいっぱい書いたのでございます。
みなさま、本当にありがとうございました。
一九八〇年一〇月

《解説》
『女工哀史』のビフォーアフター

斎藤美奈子

細井和喜蔵と高井としを

今日、「高井としを」の名前を知っている人はそう多くないだろう。しかし、「女工哀史」という言葉を知らない人はほとんどいないはずである。

「過酷な労働条件」の代名詞として、現在、あたかも一般名詞のように流通しているこの言葉は、そもそもは一冊の本に端を発している。

細井和喜蔵『女工哀史』(一九二五=大正一四年)である。

著者の細井和喜蔵は、一八九七(明治三〇)年、丹後ちりめんの産地として知られる京都府与謝《よさ》郡加悦《かや》町(二〇〇六年の町村合併により現在は与謝野町)に生まれた。彼が誕生した時点で婿養子だった父はすでに家を出ており、六歳で母と、一三歳で祖母と死別。同じ年、小学校をやめて近隣のちりめん工場に働きに出て以来、大阪や東京の繊維工場で約一五年間、労働者(紡織機械工)として働いた。

高井としをは、その細井和喜蔵の妻だった女性である。一九〇二(明治三五)年、岐阜県揖斐《いび》郡久瀬《くぜ》村(二〇〇五年の町村合併により現在は揖斐川町)の生まれ。旧姓は堀。満一〇歳で親元を離れ、大垣で繊維女工となって以来、各地の工場を転々。勉強したいとの一心で上京し、東京モスリン(東京モスリン紡織株式会社)亀戸《かめいど》工場で働いていた頃(一九二一＝大正一〇年五月)、工場をやめて病気療養中だった和喜蔵と知り合った。

『女工哀史』はこの二人の出会いからはじまった本といってもいい。

和喜蔵は旺盛な勉学意欲の持ち主で、一九二〇(大正九)年に上京すると、東京モスリン亀戸工場で働くかたわら、翌年には日本労働総同盟が主催する日本労働学校に入校、社会科学や労働運動の基礎を学び、第一回卒業生となった。『女工哀史』の構想は早くから持っていたようだが、〈労働のかたわら筆を執るということは、時間がないのでなかなかむずかしくて出来なかった〉(『女工哀史』「自序」)。一方、本書でとしをは、和喜蔵が〈今まで紡績で絞りあげられたことや、女工さんたちの悲惨な生活を一冊の本にして、世にだしたい〉といったので、〈「およばずながら私もお手伝いいたしましょう」ということになったのです〉と語っている(「細井和喜蔵との出会い」)。

一九二二(大正一一)年、ふたりは事実婚の形で結婚する。(1) としを二〇歳、和喜蔵二五歳。以後、関東大震災を挟んだ三年間、住居や職を転々と変えながら、二人は文字通り二人三脚で『女工哀史』の完成をめざした。

しかし、『女工哀史』が出版されたわずか一カ月後、和喜蔵は急性腹膜炎で倒れ、一九二五(大正一四)年八月一八日、二八歳の若さで急死する。加えて九月に生まれた長男も一週間後に死亡。二年後の一九二七(昭和二)年、としをは労農党の活動家だった高井信太郎と再婚(法律婚)、高井姓となったが、信太郎もまた空襲による火傷がもとで一九四六年一月に他界。戦後、としをは五人の子どもを抱えて働き続けた。

『わたしの「女工哀史」』は、そんな高井としをの自伝的書物である。いうならば、『女工哀史』の前(ビフォー)と後(アフター)の物語、ということになろう。

「正史」から消された妻

『女工哀史』および『わたしの「女工哀史」』は、近代日本の繊維産業ぬきには語れない。明治から昭和戦前期にかけて、繊維産業は日本経済の屋台骨を支える一大輸出産業だった。とりわけ第一次大戦後、繊維産業の拡大志向と寡占化は進み、それは一九二〇年代に頂点を迎えた。

日本の繊維産業は、①蚕の繭から生糸をとる「製糸業」、②綿花をつむいで糸にする「(綿)紡績業」、③綿糸や毛糸を織って布にする「織布業」の三部門に代表される。いずれの分野も労働者全体の七～八割が女性(ほとんどは一〇～二五歳)で、彼女らの多くが農山村からの出稼ぎ労働者だった。

このうち、としをが女工として就労し、和喜蔵が『女工哀史』で克明に分析したのは、②の綿紡績と③の綿織布を兼ねた「紡織工場」である(単に「紡績工場」と呼ぶ場合でも、後年には紡績と織布を兼ねた工場が多くなる)。

製糸業が蚕の生産地に近い長野県諏訪地方などの内陸部で発達したのに比べ、原料の綿花をインドなどからの輸入に頼る紡績工場は、水運に有利な大阪、名古屋、東京などの大都市に集中していた。また、製糸業は労働者の熟練した技術が必要で、比較的小規模の会社が多かったのに対し、明治一〇年代から機械化が進み、大量生産が可能になった紡績業は、大規模経営の機械制工場が主役だった。

明治三〇年代、それまでは伝統的な小規模作業場で生産されていた織布も紡績工場に組みこまれ、紡織業の近代化が一気に進むが、まさにそのころから女工の遠隔地募集と寄宿制度が一般化し、労働条件の悪化がはじまるのである。

『女工哀史』は、紡織業が飛躍的な発展をとげていく（別言すれば労働者の搾取の度合いが進んだ）時代の労働実態を克明に伝えている。

軍隊にも似た階級制度をとる会社組織、巧妙をきわめる募集要項と雇用契約、深夜残業を含めて一日一二時間にもおよぶ長時間労働、出来高制の賃金体系、不合格品を出した女工に科せられる罰金制度、夏の室温は平均六五度という「焦熱地獄」に加え機械の騒音と空気中の塵埃に悩まされる工場内環境、寄宿舎の劣悪な食事や衛生状態……。

『女工哀史』は雑誌「改造」に三度に分けて掲載され（一九二四年九月、一〇月、一一月）、翌二五年七月、改造社から単行本として出版された[2]。

出版後はたちまちベストセラーとなり、人々に大きなショックを与え、紡績工場の労働問題を顕在化させただけでなく、横山源之助『日本の下層社会』（一八九九年）、農商務省商工局編『職工事情』（一九〇三年）などと並ぶ、戦前の工場労働研究に欠かせない史料となった。戦後は、一九四八年に一度復刊した後、一九五四年には岩波文庫に入って今日まで版を重ねるロングセラーとなっている。

『女工哀史』の「自序」において、和喜蔵は〈生活に追われ追われながら石に噛《かじ》りついてもこれを纏《まと》めようと決心し、いよいよ大正十二年の七月に起稿して飢餓に怯《おび》えつつ妻の生活に寄生して前半を書いた〉〈女工寄宿舎のことについては、寄宿舎で生活して来た愚妻の談話を用いた〉と明かしている。また、関東大震災後の苦難の中で〈妻が工場を締め出されてしまって、たちまち生活の道は塞《ふさ》がれた。と、どんなに気張っても石に噛りついても書けないことが判った〉とも書いている。

和喜蔵がとしをとの結婚後に『女工哀史』の執筆に着手したこと、執筆と生活の両面において、彼がとしをに全幅の信頼をおいていたことがうかがえよう。

和喜蔵に資料を提供し、自らの体験を語り、原稿を読んで示唆を与えたとしを。それは伝統的な「内助の功」の範囲をはるかに越えている。後に彼女が事実上の「『女工哀史』の共作者」と呼ばれるようになったゆえんである。

一方、外で働く妻のために、和喜蔵は執筆のかたわら家事一切を担当した。父を知らず、生活苦にあえぐ母や祖母を間近に見、しかも早くから自活していた和喜蔵は、ジェンダー規範に縛られない当時としては珍しい男性で、だからこそ女性労働者の立場に立つ『女工哀史』の視点が獲得できたのかもしれない。

しかしながら、本書『わたしの「女工哀史」』が出版されるまで（あるいは本書の出版以後も)高井としをに正当な評価が与えられていたとはいいがたい。たとえば文学を通じての和喜蔵の知己・藤森成吉は、岩波文庫版『女工哀史』の「まえがき」(一九五四年)で『女工哀史』出版までのいきさつを次のように書いている。

〈著者細井和喜蔵君は、三十数年まえの或る晴れた日に、突然ぼくをおとずれ、原稿計画のための何十枚もの目録を見せて、ぼくの意見をたずねた。ぼくは一日もはやく実行するように勧めたが、それは三、四年後にようやく成った。／それをよむなり、すぐ改造社長山本実彦氏へ持ち込み、買い切りの条件で発表の快諾を得、大正十四年七月に出版された。／その条件が示すとおり、この無名の一労働者の体験記録兼調査書は、出版者にとって一つの冒険だった。ところが、ほとんどすべての関係者の予想に反して、それは異常な売れ行きを示し、何回となく版をかさねた〉

右にいう「三、四年」の間を埋めるのが、本書で語られた和喜蔵ととしをの生活だったといえるが、しかし、ここに高井としをの名前は一切出てこない。いや、名前が出ないだけならいい。〈重版と共に、山本氏の好意で印税相当分が常に細井和喜蔵遺志会(彼の遺友たちによって組織された会)へわたされ、その積立金は、紡績や製糸産業の労働者の解放運動のためいろいろ役立った〉とはどういうことなのか。(3)

そう、後の夫となる高井信太郎が〈紡績で深夜業したり、女給までして苦労したのはなんのためなんだ。細井君が死んだら当然本の権利はあなたにあるのだ〉と憤慨したように、としをに『女工哀史』の印税は入らなかった。もっといえば『女工哀史』成立の「正史」から、としをは長い間、消されていたのである。

「共作者」の評価をめぐって

『女工哀史』の出版から約五〇年。高井としをに新たな光を当てたのは、岐阜県の聖徳女子短期大学（一九九八年から岐阜聖徳学園大学短期大学部）の「現代女性史研究会」だった。同研究会は一九七三（昭和四八）年に発足。聖徳女子短大の女子学生と教職員十数名からなる自主サークルである。

当時、聖徳女子短大ほか岐阜県内の女子短大には、午前、午後、夜間の三部制をとり、三年で卒業できるコースが設けられており、県内の紡績工場で働き、寄宿舎生活をおくりながら短大に通う「働く女子大生」が多く学んでいた。研究会の学生メンバーも、そんな「紡績女工兼学生」ともいうべき女性たちだった。

同研究会の指導的立場にあったのは、当時、聖徳女子短大の教員だった教育学者の杉尾敏明である。『女工哀史』の学習会などを続けていたころ、伊丹市の全日自労(全日本自由労働組合)を介して高井としをの存在を知った杉尾と研究会のメンバーは、伊丹市のとしをのもとに足しげく通い、詳細な聞き取りを行った。紡績工場での労働という同じ体験を持つ者同士、女子学生たちはとしをに共感を寄せ、またとしをも心を開いて、自身の半生をあますところなく語った。

この聞き書きを中心にまとめられたのが、高井としをが語る『ある女の歴史』全五冊およびとしをの詩歌集『母なれば働く女性なれば』全三冊(いずれも現代女性史研究会編・発行、一九七三〜七六年)である。各巻三十数ページほど。書店には並ばない自費出版物ながら、朝日新聞の家庭欄(一九七三年一〇月二四日)ほか多くのメディアで紹介されるなど、『ある女の歴史』は大きな関心を呼んだ。

歴史学者の中村政則も『ある女の歴史』に刺激を受けたひとりである。自らも伊丹のとしをを訪ねて聞き書きを行った中村は、『労働者と農民』(日本の歴史29、一九七六年、小学館)に「『女工哀史』異聞」と題した一項をもうけ、本書巻末の詩(「『女工哀史』後五十年!」)とともに、一労働者から希有な活動家に育った彼女の半生を紹介。高井としをは近代史を学ぶ人に広く知られるようになった。

こうした経緯を経て、一九八〇年、『わたしの「女工哀史」』(草土文化)は出版された。『ある女の歴史』に収められたとしをの語りや文章を単行本用に編集し直し、出版に尽力したのは、その後、阪南大学に移籍した杉尾敏明と、草土文化の編集者だった林光《みつ》である。本は評判となり、四刷まで版を重ねる。としをは各地の講演会に招かれたり、ときにはテレビ出演もした。一九八三年には同じ『わたしの「女工哀史」』のタイトルで「女性の自画像」シリーズ(ほるぷ出版)の一冊にも加えられた。

それからすでに三十数年が経過している。

高井としをだけでなく、細井和喜蔵の名も風化しかけている今日、この本から「事件」の匂いを嗅ぎとるのはむずかしいだろう。

しかし、『女工哀史』にまつわる重要な問題なので、以下、あえて記しておきたい。本書のベースとなった『ある女の歴史』は思わぬ波紋を広げ、図らずも『女工哀史』発刊後の「暗部」を明るみに出すことになったのである。

ことは『女工哀史』の「正史」から高井としをが消された理由にもかかわる。

本書一〇七ページ「内縁の妻」の項を参照されたい。「細井和喜蔵氏未亡人ご乱行」と新聞に書かれた三日後、改造社に印税の相談に行ったとしをは、社長の山本実彦から

「内縁の妻」であることを理由に印税の支払いを断られ、また藤森成吉らに再婚も反対されている。抵抗むなしく、結局、印税相当額は遺志会に入ることになった。

『ある女の歴史』のそれに該当する箇所を読んで反論したのが、ほかならぬ藤森成吉であった。当時、藤森が会長をつとめていた日本国民救援会の機関紙（「救援新聞」一九七五年十一月五日）に、藤森は「無名戦士之墓前史」と題する激烈な批判を載せている（引用は『ある女の歴史（その5）』への再録による）。

〈高井としお《ママ》という女性を、おそらく読者の大部分は知るまいが、これは故細井和喜蔵の同棲者で、彼の死後ほとんどすぐ高井という人物と結婚し、以後高井姓を名乗っている。現在七十三歳の老女である〉としたうえで藤森は書く。〈なぜ遺志会をつくったかというと、前記の如くとしお《ママ》君が早速高井氏と結婚した上、原稿料や印税を湯水のごとく浪費しだしたからで、それでは折角の印税も死んでしまうのを恐れたからである〉。としをの発言からも彼女が〈細井の遺志を継いで解放運動に使おうなぞとは微塵も考えていなかったこと〉は明らかであり、〈遺志会は、こういうとしお《ママ》氏に反撥《ママ》してつくられたものだから、もちろんとしお《ママ》氏を会員に入れていない〉。和喜蔵の遺骨も彼女が〈そういう物を持っているのは荷厄介だからといって放棄し、代ってぼくが何年間も保管した〉のであり、〈細井の遺骨を第一号として、「無名戦士之墓」をつくり、戦後国民救援会の要請に応じて会に寄付したのである〉。

藤森は、遺志会が自分の意向でつくられたとするとしをの認識に異を唱えているのだが、要は「おまえの素行が悪いから、われわれが印税相当額を管理して、解放運動の役に立ててやったのだ」という話である。今日の観点からみて、これがきわめて不当な判断であるのは言を俟たないだろう。彼らがとしをから印税を奪った理由は「正式な妻ではなかった」「入った金を乱費した」「別の男とすぐ結婚した」の三点だが、いずれも彼女から印税を取り上げていい理由にはならない(4)。

遺志会がつくられた経緯を藤森の説明ではじめて知ったとしをと研究会は、驚いて言葉もなかったらしい。本書では〈婦人がこんな無権利だったことも知らなかった〉などのぼかした表現になっているが、としをがこの件にかんして納得していなかったのも事実であり、自分こそ和喜蔵の継承者だとする本書巻末の詩(「『女工哀史』後五十年!」)は、そのような無念さを越えた上での言葉なのだ。

現代女性史研究会の会員で、当時、聖徳女子短大の教員だった高橋美代子は、藤森ら関係者の主張を子細に検討し、遺志会の判断を〈日本の民主運動にとってまったく悲しむべき汚点である〉と述べている（『ある女の歴史（その5）』）。
『ある女の歴史』の先駆性は、第一に『女工哀史』の裏面史を含めたとしをの人生を詳細に掘り起こしたこと、第二にとしをを「『女工哀史』の共作者」と位置づけ、不当に軽視されてきたとしをに積極的な評価を与えたことだった。〈『女工哀史』はまぎれもなく、和喜蔵ととしを氏の共同・共作であり、その権利は守られるべきであり、たとえ「遺志会」といえどもこの権利を侵害することは許されるべきことではない〉（『ある女の歴史（その2）』）とする杉尾敏明や高橋美代子の判断は至当だろう。

無名戦士之墓は、現在も青山墓地の一角に建ち、毎年盛大な慰霊祭が行われている。この墓碑の歴史的、今日的な意義を私は否定するものでない。しかし、「『女工哀史』の印税によって建てられた」という「美談」の裏に、右のような事実があったことは記憶にとどめておくべきだろう。本書は『女工哀史』の成立前史とともに、曖昧にされてきた『女工哀史』発行後の歴史を知るうえでも、貴重な証言といえるのである。

としをが生きた三つの時代

気分を変えて、『わたしの「女工哀史」』の話に戻ろう。

本書はとしをの人生に沿って、三つの章から成り立っている。以下、時代的な背景を中心に、少しだけ補足しておこう。

Ⅰ「『女工哀史』日記」は、としをの少女時代から、女工生活、細井和喜蔵との出会いと死別、高井信太郎との再婚までを含んだ「戦前編」である。

一九一三(大正二)年、としをが姉とともに就職したのは東京に本社のある岐阜県大垣市の東京毛織だったが、彼女はここを一年あまりで辞めている。

当時、女工の離職率、転職率、逃亡率は非常に高かった。工場間の女工争奪戦がはげしかったことと、虐待に近い待遇に耐えきれず、危険をおかしても逃亡をくわだてる女工が跡を絶たなかったためである。

和喜蔵やとしをが工場にいた時代の特徴として、もうひとつ特筆すべきは、労働運動が非常な盛り上がりを見せたことである。第一次大戦後の好況から不況に転じた一九一〇年代後半、ストライキは急増し、全国で年間三〇〇～五〇〇件、参加人数は多いときで年間のべ六万人以上にのぼる。豊田織機時代に手にした吉野作造の論文に感動し、東京モスリンで人生初の演説を経験したとしを。当時の亀戸(東京都江東区。当時は城東区)は、和喜蔵ととしをが就労した東京モスリン亀戸工場のほか、同吾嬬《あずま》工場、東洋モスリン第一工場、同第二工場、松井モスリン、日清紡績など、大型紡織工場が集まった一大紡織地帯であり、また労働運動が非常に盛んな地域でもあった。(6)

労働運動がピークを迎えるのは昭和に入ってからだが、労働者の組織化が進んだ時代に和喜蔵ととしをが亀戸で出会ったのは、ある意味必然だったかもしれない。

柳条湖事件(満州事変)が起きた翌年の一九三二(昭和七)年から敗戦後の混乱期までを含むII「ヤミ屋日記」は「戦中編」である。

一九四一(昭和一六)年に全面改正された治安維持法は、思想統制や言論弾圧の道具として、いちじるしく悪用された。高井信太郎の度重なる検挙も、この法律がもとになっている。としをにとっては、内職などをしながら子どもを育てた「主婦時代」といえるが、しかし夫は無収入。その上さらに戦争が襲いかかる。

当時、一家が暮らしていた兵庫県西宮市は敗戦までに五回も空襲があり、とりわけ一九四五(昭和二〇)年八月五日の夜半から六日にかけて西宮市を襲ったB29による空襲は、死亡者六三七人、重軽傷者二三五三人、全焼全壊家屋一万五〇〇〇戸、被災者総数は六万人以上におよんだ。重傷を負った夫と五人の子どもを抱えての被災体験は生々しく、また「ヤミ屋」として働いた戦後の経験は「戦争体験の伝承」としても貴重だろう。

Ⅲ「ニコヨン日記」は、戦災からの復興期、「戦後編」である。

一九五一(昭和二六)年としをが四八歳で入った失業対策事業(通称「失対」)は、一九四九年に制定された「緊急失業対策法」にもとづく雇用政策で、戦争の影響で大量に出た失業者、戦争で夫を亡くした女性、戦地からの帰還兵、大陸からの引き揚げ者、レッドパージによる失業者など多様な層が職を求めて集まった。職業安定所から支払われる日当が二四〇円だったことから、失対労働者を「ニコヨン(百円札二枚と十円札四枚)」と呼ぶ習慣が生まれたが、毎日仕事があるとは限らず、としをの日給が一六〇円だったように、もっと低賃金だった地域もある。

とはいえ、この時期のとしをは水を得た魚のようだ。としをにとっては新しい生きがいを見つけ、人生の中でも充実した日々だったといえよう。

失対労働者で結成された「全日本自由労働組合」(全日自労)は、一九四七(昭和二二)年に発足した全日土建一般労働組合(全日土建)を前身とし、五三年に全日本自由労働組合へと改称した全国的な組織で、社会保障制度の整備に際して先駆的、かつ戦闘的な役割をはたしたことで知られている。尼崎自労は四九年、としをたちが立ち上げた伊丹自労は五一年の発足であり、全国組織に先駆けての結成だった。

全日自労は、企業別組合が中心の日本では珍しい個人加入のユニオンだったこと、また組合員の圧倒的多数が働く母親たちだったことに特徴がある。

日雇い労働者の健康保険制度、教科書の無償化、託児所や乳児院の設立などは、子どもを抱えて働く女性にとっては死活問題であり、全国各地の全日自労支部で、働く母親たちが自治体相手に同様の闘いをくり広げている。(7)

一九七一年、七〇歳を前に身体を壊したとしをは労働と運動の一線から退くが、ニコヨン生活に入った頃から詩作をはじめ、日記もつけ続けた。よって本書のⅠとⅡはとしをの語りを再構成したものだが、Ⅲはとしを自身が筆をとっている。

むしろ「女工快史」と呼びたい

高井としをの生涯に一貫しているのは、その驚くべきバイタリティである。自身の意見を表明せずにはいられぬ正義感。誰に対してもものおじしない態度。「弁護士」というあだ名がついた少女時代から、生活密着型の真っ当な要求をかかげ、ねばり強く交渉し、勝ったり負けたりしながらも、最後は確実に成果を出す。そのやり方は、東京モスリンで「食事の改善」を要求し、カツ丼やカレーライスを勝ちとった頃からブレがない。彼女の爽快な生涯は、いっそ「女工快史」と呼びたいほどだ。

本書の第一の意義は、やはり細井和喜蔵の横顔と『女工哀史』の舞台裏を伝える貴重な史料である点だろう。二八歳で夭逝した和喜蔵の人生には不明な点が多く、『わたしの「女工哀史」』以上に詳しい史料はない。「遺志会」の一件も含め、不当な評価を受けていたとしを自身の復権という意味合いも大きい。

第二には、しかし「細井和喜蔵の妻」という冠を外しても、本書がひとりの女性の傑出した一代記である点だ。戦前は女工として働き、戦争を生きぬき、戦後は日雇い労働で子どもたちを養う。それは昭和の女性労働者の典型的な人生だったともいえる。一九七〇年代は女性史研究がブームになり、また歴史研究におけるオーラル・ヒストリー(文献ではなく口述による歴史)の重要性が認識された時代だった。とはいえ女性の自伝や評伝のほとんどが、高い教育を受け、目にみえる業績を残した人物に偏っていることを思うとき、本書の存在価値はいっそう明らかになるだろう。

一九八三(昭和五八)年一一月八日、高井としをは伊丹市内の病院で永眠した。享年八一。遺骨は現在、伊丹市内の県営墓地で眠っている。

解説を書くにあたり、本書出版後のとしをの晩年については最後まで母のそばについておられた四女の高井勝子さん、本書の出版前史にあたる現代女性史研究会の活動について は、杉尾敏明さん、棚橋(旧姓高橋)美代子さんのお話をうかがうことができた。記して感謝したい。

単行本の発行から三五年、『女工哀史』から数えれば九〇年。本書が『女工哀史』と同じ岩波文庫に収録され、手に取りやすくなったことを喜びたい。二一世紀の今日、日本の労働環境は悪化の一途をたどっている。組合運動にも往時の勢いはなく、「格差社会」が進行中だ。高井としをの人生にはしかし、苦境を切り開くためのヒントが詰まっている。〈かっこいい　理くつはいわぬ母たちが　一ばん先に座りこみに行く〉というとしをの歌は印象的だ。不朽の名著・細井和喜蔵『女工哀史』とともに、『わたしの「女工哀史」』は現在も、そして将来も、多くの読者を励まし続けることだろう。

（二〇一五年四月記）

注

（1）旧民法では、三〇歳未満の男性、二五歳未満の女性は、戸主の同意なしに結婚できなかった。「内縁の妻」の項で語られている通り、戸主であるとしをの父親の反対が予想されたことも、としをと和喜蔵が正式な結婚をしなかった理由のひとつだった。

（2）なお、細井和喜蔵はプロレタリア文学を志しており、『女工哀史』の出版後（和喜蔵の死後）、『女工哀史』と同じ改造社から『奴隷』『工場』『無限の鐘』の三冊の作品集が出版されている。なかでも『奴隷』『工場』は『女工哀史』の小説版ともいうべき自伝的な長編小説で、和喜蔵がすぐれた小説家でもあったことに驚かされる。もう少し長生きしたら、日本の文学界（純文学界もプロレタリア文学界も）を震撼させたのではなかろうか。

（3）藤森成吉は『細井和喜蔵全集』（全四巻、三一書房、一九五六年）の第一巻にも解説を寄せているが、やはり年譜以外に「堀としを」の名前はなく、和喜蔵の死についても〈亀戸の博愛病院で遺骸となった彼は、われわれ数人の友人につきそわれて程遠くない火葬場で焼かれ、その骨壺は、葬るべき墓地もないままぼくが預り、のち千葉県の或る寺に（預け賃を出して）預かってもらった〉と書くのみである。

（4）つけ加えると、現行民法でも婚姻届を出していない「内縁の妻」の相続権は認められていないが、著作権については話し合いによって遺族以外の人や団体も著作権継承者に指定できる。著者の細井和喜蔵が天涯孤独で血縁者がいなかったこと、また著者との関係の深さや著者の仕事への貢献度を考えると、としをに著作権継承者の資格は十分あったと思われる。当時の著作権法では、著作権の保護期間は著者の死後三〇年まで（現在は死後五〇年）。『女工哀史』の著作権は一九五五年で切れているが、岩波書店で調べてもらったところ、岩波文庫版『女工哀史』の最後の印税支払い先（一九五五年）は、著者との関係が不詳な個人名だった。

（5）としをが豊田織機時代に出会い、人生の転機になったという吉野作造の論文（五七―五八ページ参照）は特定できないが、当時の吉野は「中央公論」誌上などで、立ち上がった労働者の立場を代弁する論文を数多く書いていた。また、「新女界」や「婦人之友」などの女性誌にも寄稿し、人権尊重の観点から女性の社会進出に理解を示し、婦人参政権への賛意を表明している。『労働者と農民』の著者・中村政則は、としをが要約した吉野作造の言葉を〈むしろ五〇年にわたる闘いと、深い人生経験を積んできた高井としをその人の思想や考えが、このなかには多くふくまれているとみるべきであろう〉と述べている。同様のことはとしをが聞いたというアインシュタインの演説（九三ページ）についてもいえることだろう。

（6）紡織工場や製糸工場は、戦時中、ほとんどが軍需工場に転じた。一九四五年三月一〇日の東京大空襲によって亀戸一帯は焦土と化し、としをと和喜蔵が就労した東京モスリン亀戸工場も他の工場とともに焼失している。

（7）全日自労の女性たちの闘いぶりについては全日自労建設一般労働組合編『おふくろたちの労働運動』（労働旬報社、一九八六年）などに詳しい。

〔編集付記〕

一、本書の底本には、『わたしの「女工哀史」』(草土文化、一九八〇年)を用いた。

一、読みにくい語や読み誤りやすい語には、底本にあるふりがなを再現するとともに、適宜新たにふりがなを付した。

一、明らかな誤記、誤植と思われる箇所については、慎重に検討したうえ適宜訂正した。また〔 〕で注を補った箇所もある。

一、本書に登場する主な人名について、各章末に注を付した。

一、本書には、今日の人権尊重の精神からすれば、考慮すべき不当・不適当な差別的な語句や表現が含まれていると判断されるところもあるが、作者が故人であること、また作品の歴史性に鑑み、原文のままとした。

(岩波文庫編集部)

わたしの「女工哀史《じょこうあいし》」

2015年5月15日　第1刷発行
2025年6月13日　第4刷発行

著　者　高井《たかい》としを

発行者　坂本政謙

発行所　株式会社　岩波書店
〒101-8002　東京都千代田区一ツ橋2-5-5

案内 03-5210-4000　営業部 03-5210-4111
文庫編集部 03-5210-4051
https://www.iwanami.co.jp/

印刷・三秀舎　カバー・精興社　製本・松岳社

ISBN 978-4-00-381161-0　Printed in Japan

読書子に寄す

――岩波文庫発刊に際して――

岩波茂雄

真理は万人によって求められることを自ら欲し、芸術は万人によって愛されることを自ら望む。かつては民を愚昧ならしめるために学芸が最も狭き堂宇に閉鎖されたことがあった。今や知識と美とを特権階級の独占より奪い返すことはつねに進取的なる民衆の切実なる要求である。岩波文庫はこの要求に応じそれに励まされて生まれた。それは生命ある不朽の書を少数者の書斎と研究室とより解放して街頭にくまなく立たしめ民衆に伍せしめるであろう。近時大量生産予約出版の流行を見る。その広告宣伝の狂態はしばらくおくも、後代にのこすと誇称する全集がその編集に万全の用意をなしたるか。千古の典籍の翻訳企図に敬虔の態度を欠かざりしか。さらに分売を許さず読者を繫縛して数十冊を強うるがごとき、はたしてその揚言する学芸解放のゆえんなりや。吾人は天下の名士の声に和してこれを推挙するに躊躇するものである。このときにあたって、岩波書店は自己の責務のいよいよ重大なるを思い、従来の方針の徹底を期するため、すでに十数年以前より志して来た計画を慎重審議この際断然実行することにした。吾人は範をかのレクラム文庫にとり、古今東西にわたって文芸・哲学・社会科学・自然科学等種類のいかんを問わず、いやしくも万人の必読すべき真に古典的価値ある書をきわめて簡易なる形式において逐次刊行し、あらゆる人間に須要なる生活向上の資料、生活批判の原理を提供せんと欲する。この文庫は予約出版の方法を排したるがゆえに、読者は自己の欲する時に自己の欲する書物を各個に自由に選択することができる。携帯に便にして価格の低きを最主とするがゆえに、外観を顧みざるも内容に至っては厳選最も力を尽くし、従来の岩波出版物の特色をますます発揮せしめようとする。この計画たるや世間の一時の投機的なるものと異なり、永遠の事業として吾人は微力を傾倒し、あらゆる犠牲を忍んで今後永久に継続発展せしめ、もって文庫の使命を遺憾なく果たさしめることを期する。芸術を愛し知識を求むる士の自ら進んでこの挙に参加し、希望と忠言とを寄せられることは吾人の熱望するところである。その性質上経済的には最も困難多きこの事業にあえて当たらんとする吾人の志を諒として、その達成のため世の読書子とのうるわしき共同を期待する。

昭和二年七月

《日本文学(古典)》〔黄〕

古事記	倉野憲司校注
日本書紀 全五冊	坂本太郎・家永三郎・井上光貞・大野晋校注
万葉集 全五冊	佐竹昭広・山田英雄・工藤力男・大谷雅夫・山崎福之校注
竹取物語	阪倉篤義校訂
伊勢物語	大津有一校注
玉造小町子壮衰書 —小野小町物語	杤尾武校注
古今和歌集	佐伯梅友校注
土左日記	紀貫之 鈴木知太郎校注
蜻蛉日記	今西祐一郎校注
紫式部日記	池田亀鑑・秋山虔校注
紫式部集 付 大弐三位集・藤原惟規集	紫式部 南波浩校注
源氏物語 全九冊	柳井滋・室伏信助・大朝雄二・鈴木日出男・藤井貞和・今西祐一郎校注
源氏物語補作 山路の露・雲隠六帖 他二篇	今西祐一郎編注
枕草子	池田亀鑑校訂
和泉式部日記	清水文雄校注
更級日記	西下経一校注
今昔物語集 全四冊	池上洵一編
堤中納言物語	大槻修校注
西行全歌集	久保田淳・吉野朋美校注
建礼門院右京大夫集 付 平家公達草紙	久松潜一・久保田淳校注
拾遺和歌集	小町谷照彦・倉田実校注
後拾遺和歌集	久保田淳・平田喜信校注
金葉和歌集	川村晃生・柏木由夫・伊倉史人校注
詞花和歌集	工藤重矩校注
古語拾遺	斎部広成撰 西宮一民校注
王朝漢詩選	小島憲之編
新訂 方丈記	市古貞次校注
新訂 新古今和歌集	佐佐木信綱校訂
新訂 徒然草	西尾実・安良岡康作校注
平家物語 全四冊	梶原正昭・山下宏明校注
神皇正統記	北畠親房 岩佐正校注
御伽草子 全二冊	市古貞次校注
王朝秀歌選	樋口芳麻呂校注
定家八代抄 —続王朝秀歌選 全二冊	樋口芳麻呂・後藤重郎校注
閑吟集	真鍋昌弘校注
中世なぞなぞ集	鈴木棠三編
千載和歌集	久保田淳校注
謡曲選集 読む能の本	野上豊一郎編
おもろさうし	外間守善校注
太平記 全六冊	兵藤裕己校注
好色一代男	井原西鶴 横山重校訂
好色五人女	井原西鶴 東明雅校註
武道伝来記	井原西鶴 横山重・前田金五郎校注
西鶴文反古	井原西鶴 片岡良一校訂
芭蕉紀行文集 付 嵯峨日記	中村俊定校注
芭蕉 おくのほそ道 付 曾良旅日記・奥細道菅菰抄	萩原恭男校注
芭蕉俳句集	中村俊定校注
芭蕉連句集	中村俊定・萩原恭男校注
芭蕉書簡集	萩原恭男校注
芭蕉文集	潁原退蔵編註

芭蕉俳文集 全二冊　堀切実編注

芭蕉自筆 奥の細道　上野洋三・櫻井武次郎校注

蕪村俳句集 付 春風馬堤曲 他二篇　尾形仂校注

蕪村七部集　伊藤松宇校訂

近世畸人伝　伴蒿蹊・森銑三校註

雨月物語　上田秋成・長島弘明校注

宇下人言 修行録　松平定信・松平定光校訂

新訂 一茶俳句集　丸山一彦校注

一茶 父の終焉日記・おらが春 他一篇　矢羽勝幸校注

増補 俳諧歳時記栞草 全二冊　曲亭馬琴編・藍亭青藍補・堀切実校注

北越雪譜　鈴木牧之編撰・京山人百樹刪定・岡田武松校訂

東海道中膝栗毛 全二冊　十返舎一九・麻生磯次校注

浮世床　式亭三馬・和田万吉校訂

梅暦 全二冊　為永春水・古川久校訂

百人一首一夕話 全二冊　尾崎雅嘉・古川久校訂

こぶとり爺さん・かちかち山 —日本の昔ばなしⅠ　関敬吾編

桃太郎・舌きり雀・花さか爺 —日本の昔ばなしⅡ　関敬吾編

一寸法師・さるかに合戦・浦島太郎 —日本の昔ばなしⅢ　関敬吾編

芭蕉臨終記 花屋日記 付 芭蕉翁終焉記・前後日記・行状記　小宮豊隆校訂

醒睡笑 全二冊　安楽庵策伝・鈴木棠三校注

歌舞伎十八番の内 勧進帳　郡司正勝校注

江戸怪談集 全三冊　高田衛編・校注

柳多留名句選　山澤英雄選・粕谷宏紀校注

松蔭日記　上野洋三校注

鬼貫句選・独ごと　復本一郎校注

井月句集　復本一郎編

花見車・元禄百人一句　雲英末雄・佐藤勝明校注

江戸漢詩選 全二冊　揖斐高編訳

説経節 俊徳丸・小栗判官 他三篇　兵藤裕己編注

《日本思想》〔青〕

- 風姿花伝（花伝書） 世阿弥／野上豊一郎・西尾実 校訂
- 五輪書 宮本武蔵／渡辺一郎 校注
- 葉隠 全三冊 山本常朝／和辻哲郎・古川哲史 校訂
- 養生訓・和俗童子訓 貝原益軒／石川謙 校訂
- 貝原益軒 大和俗訓 石川謙 校訂
- 蘭学事始 杉田玄白／緒方富雄 校註
- 島津斉彬言行録 牧野伸顕 序
- 塵劫記 吉田光由／大矢真一 校注
- 兵法家伝書 付 新陰流兵法目録事 柳生宗矩／渡辺一郎 校注
- 農業全書 宮崎安貞 編録／貝原楽軒 刪補／土屋喬雄 校訂
- 上宮聖徳法王帝説 東野治之 校注
- 霊の真柱 平田篤胤／子安宣邦 校注
- 仙境異聞・勝五郎再生記聞 平田篤胤／子安宣邦 校注
- 茶湯一会集・閑夜茶話 井伊直弼／戸田勝久 校注
- 西郷南洲遺訓 附 手抄言志録及遺文 山田済斎 編
- 文明論之概略 福沢諭吉／松沢弘陽 校注

- 新訂 福翁自伝 富田正文 校訂
- 学問のすゝめ 福沢諭吉
- 福沢諭吉教育論集 山住正己 編
- 福沢諭吉家族論集 中村敏子 編
- 福沢諭吉の手紙 慶應義塾 編
- 新島襄の手紙 同志社 編
- 新島襄 教育宗教論集 同志社 編
- 新島襄自伝 ―手記・紀行文・日記 同志社 編
- 植木枝盛選集 家永三郎 編
- 日本の下層社会 横山源之助
- 中江兆民 三酔人経綸問答 桑原武夫・島田虔次 訳・校注
- 中江兆民評論集 松永昌三 編
- 一年有半・続一年有半 中江兆民／井田進也 校注
- 憲法義解 伊藤博文／宮沢俊義 校註
- 日本風景論 志賀重昂／近藤信行 校訂
- 日本開化小史 田口卯吉／嘉治隆一 校訂
- 新訂 蹇蹇録 ―日清戦争外交秘録 陸奥宗光／中塚明 校注

- 茶の本 岡倉覚三／村岡博 訳
- 武士道 新渡戸稲造／矢内原忠雄 訳
- 新渡戸稲造論集 鈴木範久 編
- キリスト信徒のなぐさめ 内村鑑三
- 余はいかにしてキリスト信徒となりしか 内村鑑三／鈴木範久 訳
- 代表的日本人 内村鑑三／鈴木範久 訳
- 後世への最大遺物・デンマルク国の話 内村鑑三
- 宗教座談 内村鑑三
- ヨブ記講演 内村鑑三
- 足利尊氏 山路愛山
- 徳川家康 全二冊 山路愛山
- 妾の半生涯 福田英子
- 三十三年の夢 宮崎滔天／島田虔次・近藤秀樹 校注
- 善の研究 西田幾多郎
- 西田幾多郎哲学論集 Ⅱ ―論理と生命 他四篇 上田閑照 編
- 西田幾多郎哲学論集 Ⅲ ―自覚について 他四篇 上田閑照 編
- 西田幾多郎歌集 上田薫 編

西田幾多郎講演集　田中裕編
西田幾多郎書簡集　藤田正勝編
帝国主義　幸徳秋水　山泉進校注
兆民先生 他八篇　幸徳秋水　梅森直之校注
基督抹殺論　幸徳秋水
貧乏物語　河上肇　大内兵衛解題
河上肇評論集　杉原四郎編
西欧紀行 祖国を顧みて　河上肇
中国文明論集　宮崎市定　礪波護編
史記を語る　宮崎市定
中国史 全二冊　宮崎市定
大杉栄評論集　飛鳥井雅道編
女工哀史　細井和喜蔵
奴隷 ―小説・女工哀史1　細井和喜蔵
工場 ―小説・女工哀史2　細井和喜蔵
初版 日本資本主義発達史 全二冊　野呂栄太郎
谷中村滅亡史　荒畑寒村

遠野物語・山の人生　柳田国男
海上の道　柳田国男
野草雑記・野鳥雑記　柳田国男
孤猿随筆　柳田国男
婚姻の話　柳田国男
都市と農村　柳田国男
十二支考 全二冊　南方熊楠
津田左右吉歴史論集　今井修編
特命全権大使 米欧回覧実記 全五冊　久米邦武編　田中彰校注
日本イデオロギー論　戸坂潤
古寺巡礼　和辻哲郎
風土 ―人間学的考察　和辻哲郎
イタリア古寺巡礼　和辻哲郎
倫理学 全四冊　和辻哲郎
人間の学としての倫理学　和辻哲郎
日本倫理思想史 全四冊　和辻哲郎
「いき」の構造 他二篇　九鬼周造

九鬼周造随筆集　菅野昭正編
偶然性の問題　九鬼周造
時間論 他二篇　九鬼周造　小浜善信編
田沼時代　辻善之助
パスカルにおける人間の研究　三木清
構想力の論理 全二冊　三木清
漱石詩注　吉川幸次郎
新版 きけ わだつみのこえ ―日本戦没学生の手記　日本戦没学生記念会編
新版 第二集 きけ わだつみのこえ ―日本戦没学生の手記　日本戦没学生記念会編
君たちはどう生きるか　吉野源三郎
地震・憲兵・火事・巡査　山崎今朝弥　森長英三郎編
懐旧九十年　石黒忠悳
武家の女性　山川菊栄
覚書 幕末の水戸藩　山川菊栄
忘れられた日本人　宮本常一
家郷の訓　宮本常一
大阪と堺　三浦周行　朝尾直弘編

国家と宗教 —ヨーロッパ精神史の研究　南原繁
石橋湛山評論集　松尾尊兊編
民藝四十年　柳宗悦
手仕事の日本　柳宗悦
工藝文化　柳宗悦
南無阿弥陀仏 付 心偈　柳宗悦
柳宗悦茶道論集　熊倉功夫編
雨夜譚 —渋沢栄一自伝　長幸男校注
中世の文学伝統　風巻景次郎
平塚らいてう評論集　小林登美枝・米田佐代子編
最暗黒の東京　松原岩五郎
日本の民家　今和次郎
原爆の子 —広島の少年少女のうったえ 全二冊　長田新編
暗黒日記 —一九四二—一九四五　清沢洌 山本義彦編
臨済・荘子　前田利鎌
『青鞜』女性解放論集　堀場清子編
大津事件 —ロシア皇太子大津遭難　尾佐竹猛 三谷太一郎校注

幕末遣外使節物語 —夷狄の国へ　尾佐竹猛 吉良芳恵校注
極光のかげに —シベリア俘虜記　高杉一郎
イスラーム文化 —その根柢にあるもの　井筒俊彦
意識と本質 —精神的東洋を索めて　井筒俊彦
神秘哲学 —ギリシアの部　井筒俊彦
意味の深みへ —東洋哲学の水位　井筒俊彦
コスモスとアンチコスモス —東洋哲学のために　井筒俊彦
幕末政治家　福地桜痴 佐々木潤之介校注
渡辺一夫評論選 狂気について 他二十二篇　大江健三郎・清水徹編
維新旧幕比較論　木下真弘 宮地正人校注
被差別部落一千年史　高橋貞樹 沖浦和光校注
花田清輝評論集　粉川哲夫編
英国の文学　吉田健一
中井正一評論集　長田弘編
山びこ学校　無着成恭編
考史遊記　桑原隲蔵
福沢諭吉の哲学 他六篇　丸山眞男 松沢弘陽編

政治の世界 他十篇　丸山眞男 松本礼二編注
超国家主義の論理と心理 他八篇　丸山眞男 古矢旬編
田中正造文集 全二冊　由井正臣・小松裕編
国語学史　時枝誠記
定本 育児の百科 全三冊　松田道雄
大西祝選集 哲学篇 全二冊　小坂国継編
哲学の三つの伝統 他十二篇　野田又夫
大隈重信演説談話集　早稲田大学編
大隈重信自叙伝　早稲田大学編
人生の帰趣　山崎弁栄
転回期の政治　宮沢俊義
何が私をこうさせたか —獄中手記　金子文子
明治維新　遠山茂樹
禅海一瀾講話　釈宗演
明治政治史　岡義武
転換期の大正　岡義武
山県有朋 —明治日本の象徴　岡義武

近代日本の政治家　岡　義武

ニーチェの顔 他十三篇　氷上英廣・三島憲一編

伊藤野枝集　森まゆみ編

前方後円墳の時代　近藤義郎

日本の中世国家　佐藤進一

岩波茂雄伝　安倍能成

岩波文庫の最新刊

坂元ひろ子・高柳信夫監訳
厳復　**天　演　論**

清末の思想家・厳復による翻訳書。そこで示された進化の原理、生存競争と淘汰の過程は、日清戦争敗北後の中国知識人たちに圧倒的な影響力をもった。
〔青二三五-一〕　**定価一二一〇円**

武田利勝訳
フリードリヒ・シュレーゲル　**断　章　集**

「イロニー」「反省」等により既存の価値観を打破し、「共同哲学」の樹立を試みる断章群は、ロマン派のマニフェストとして、近代の批評的精神の幕開けを告げる。
〔赤四七六-一〕　**定価一一五五円**

永井荷風著／中島国彦・多田蔵人校注
断腸亭日乗（三）昭和四—七年

永井荷風は、死の前日まで四十一年間、日記『断腸亭日乗』を書き続けた。（三）は、昭和四年から七年まで。昭和初期の東京を描く。（注解・解説＝多田蔵人）（全九冊）
〔緑四二-一六〕　**定価一二六五円**

太宰 治作／安藤 宏編
十二月八日・苦悩の年鑑 他十二篇

第二次世界大戦敗戦前後の混乱期、作家はいかに時代と向き合ったか。昭和一七—二一（一九四二-四六）年発表の一四篇を収める。（注＝斎藤理生、解説＝安藤宏）
〔緑九〇-一二〕　**定価一〇〇一円**

……今月の重版再開……

忍足欣四郎訳
中世イギリス英雄叙事詩　**ベーオウルフ**
〔赤二七五-一〕　**定価一二二一円**

プルタルコス／柳沼重剛訳
エジプト神イシスとオシリスの伝説について
〔青六六四-五〕　**定価一〇〇一円**

定価は消費税10％込です　　2025. 3

岩波文庫の最新刊

E・H・カー著／中村研一訳

平和の条件

第二次世界大戦下に出版された戦後構想。破局をもたらした根本原因をさぐり、政治・経済・国際関係の変革を、実現可能なユートピアとして示す。〔白二二-二〕 **定価一七一六円**

芥川龍之介選 澤西祐典・柴田元幸編訳

英米怪異・幻想譚

芥川が選んだ「新らしい英米の文芸」は、当時の〈世界文学〉最前線であった。芥川自身の作品にもつながる〈怪異・幻想〉の世界が、十二名の豪華訳者陣により蘇る。〔赤N二〇八-一〕 **定価一五七三円**

正岡子規著

俳諧大要

正岡子規(一八六七―一九〇二)による最良の俳句入門書。初学者へ向けて要諦を簡潔に説く本書には、俳句革新を志す子規の気概があふれている。〔緑一三-七〕 **定価五七二円**

レッシング作／笠原賢介訳

賢者ナータン

十字軍時代のエルサレムを舞台に、ユダヤ人商人ナータンが宗教的対立を超えた和合の道を示す。寛容とは何かを問うたレッシングの代表作。〔赤四〇四-二〕 **定価一〇〇一円**

今月の重版再開

曲亭馬琴著／徳田武校注

近世物之本江戸作者部類 〔黄二二五-七〕 **定価一二七六円**

実吉捷郎訳

トオマス・マン短篇集 〔赤四三三-四〕 **定価一一五五円**